W0087128

Zum Buch

San Francisco ist anders als die schicken Metropolen New York, Rio, Tokio. San Francisco ist keine goldbehangende Diva, derer man sich würdig erweisen muss. Nein, sie ist eine alte Hippietante, die einen in ihre weichen, nach Patschuli riechenden Arme schließt, als vermisse sie einen schon lange. Und fährt man hin, so ist man sofort zu Hause – in dieser Stadt, die von ihren Bewohnern liebevoll-vertraulich einfach nur *The City* genannt wird, als gäbe es keine andere in den USA, zumindest keine, in der das Leben ein Abenteuer ist. Und tatsächlich, für Milena Moser, die mit ihrer Familie nach San Francisco ausgewandert war, waren diese acht Jahre an der Bay ein Abenteuer. Weil San Francisco die gemütlichste Metropole Amerikas ist, die freizügigste und zugleich verklemmteste, die Stadt der sensiblen Gutmenschen, in der sogar Hunde in Tagesstätten bespaßt werden. Milena Moser zeigt uns die vielen Gesichter dieser Stadt, in der jeder glücklich wird, ein Buch voller hinreißend komischer Anekdoten, charmant frotzelnd, schwärmerisch, lebensfroh – unverzichtbar für jeden, der gerne in die Ferne schweift, und sei es nur in Gedanken.

»Milena Moser zeigt ganz unvoreingenommen den skurrilen Alltag … mit einem genauen Blick für die kleinen Dinge.« *3 SAT*

Zum Autor

Milena Moser, 1963 in Zürich geboren, hat acht Jahre in San Francisco gelebt. Dass sie die amerikanische Wahlheimat brillant zu beschreiben vermag, bewies sie schon in ihrem äußerst erfolgreichen Sachbuch *Schlampenyoga*. Ihre Schriftstellerkarriere begann Milena Moser Anfang der 1990er Jahre und landete sofort mit *Die Putzfraueninsel* einen Bestseller. Es folgten genauso erfolgreich *Das Schlampenbuch*, *Blondinenträume* und zuletzt ihr Roman *Stutenbiss*. Heute lebt Milena Moser mit ihrer Familie wieder in der Schweiz.

MILENA MOSER

Flowers in your hair

hair

Wie man
in San Francisco
glücklich wird

WILHELM HEYNE VERLAG
MÜNCHEN

FSC

Mix

Produktgruppe aus vorbildlich
bewirtschafteten Wäldern und
anderen kontrollierten Herkünften

Zert.-Nr. SGS-COC-1940
www.fsc.org
© 1996 Forest Stewardship Council

Verlagsgruppe Random House FSC-DEU-0100
Das für dieses Buch verwendete FSC-zertifizierte Papier *Super Snowbright* liefert Hellefoss AS, Hokksund, Norwegen.

2. Auflage
Vollständige Taschenbuchausgabe 07/2009
Copyright © 2008 by Karl Blessing Verlag
in der Verlagsgruppe Random House GmbH
Copyright © 2009 dieser Ausgabe
by Wilhelm Heyne Verlag, München
in der Verlagsgruppe Random House GmbH
Printed in Germany 2009
Umschlaggestaltung: Hauptmann & Kompanie Werbeagentur,
München – Zürich
Satz: Greiner & Reichel, Köln
Druck und Bindung: GGP Media GmbH, Pößneck

ISBN 978-3-453-40675-9

www.heyne.de

Zu Hause ist man da, wo man Freunde hat.
Dieses Buch ist für sie:

Liz Alward, Katchie Ananda, Barb Bratton, Connie Chin,
Theresa Cross, Pam Daihl, Stan Flouride, Joy Graham,
Jane Grinberg, Sabine Hantke, Christian Hummler,
Alice Joanou, Annette & Filip Kesler, Freddi Kirchner,
Jack LaDove, Sharmila & Sören Lassen, Chris Lincoln,
Mara Murray, Urs Steiner, Kate Stilley, Liz Wehrli,
Phil Williams und Magdalena Zschokke.

Und für Armistead Maupin, ohne den ich gar nie auf
die Idee gekommen wäre, in San Francisco zu leben.

»It is an odd thing, but every one who disappears is said to be seen at San Francisco. It must be a delightful city, and possess all the attractions of the next world.«

Oscar Wilde

Inhalt

Amerika ist anders -
eine Art Vorwort

Frisco, San Fran, Sif, The Sco, Fog City, The City oder Sucker Free City, idiotenfreie Stadt: Für keinen Ort auf der Welt gibt es mehr Kosenamen. Denn es ist ein Ort, zu dem man eine Beziehung hat. Und zu jeder Beziehung gehören diese vertraulichen Abkürzungen. Sie sind liebevoll, genervt, stolz oder amüsiert. Und weil jeder von irgendwo anders herkommt, wechseln sich diese Kosenamen in schöner Regelmäßigkeit ab. Die Neuzugezogenen müssen sich schließlich von den noch neuer Zugezogenen absetzen.

Gerade ist Frisco wieder in, eine Verkürzung aus Goldgräberzeiten, die lange Zeit so verpönt war, dass der Kolumnist Herb Caen eines seiner Bücher *Don't Call it Frisco* nannte. Der Befehl gilt heute nicht mehr. Und auch nicht Caens ganz persönliche Bezeichnung für die Stadt: Baghdad by the Bay. Aus aktuellen Gründen gerade nicht aktuell.

San Francisco mit seinen Sehenswürdigkeiten von Weltwunderformat, seiner villakunterbunten Architektur, der pittoresken Umgebung, mit seiner unkonventionellen Mentalität, die wirklich alles möglich scheinen lässt, und seiner trotz allem gemütlichen, überschaubaren Größe – San Francisco ist fast zu gut, um wahr zu sein.

Die Stadt ist nicht nur eine beliebte Touristendestination und das Flitterwochenziel Nummer eins der Amerikaner, sondern auch eine traditionelle Einwandererstadt. Von den Goldgräbern über die »unehrenhaft« entlassenen Soldaten zu den Blumenkindern und Computernerds. Und nicht zu vergessen die Glücksuchenden aus Asien und Südamerika – alle fühlen sich hier sehr schnell zu Hause, besonders aber die, die anderswo kein Zuhause haben. Alle sehen die Stadt früher oder später, aber meistens früher, als »ihre« Stadt an. Egal, wo sie herkommen.

San Francisco hat nichts zu beweisen, und man hat der Stadt nichts zu beweisen. San Francisco ist keine Diva, deren man sich würdig erweisen muss, wie manche schickere und schnellere Metropole, sondern eine gemütliche, etwas heruntergekommene Hippie-Tante, die einen in ihre weichen, schwach nach Patschuli riechenden Arme schließt, als hätte sie einen lange Zeit vermisst.

Und so lässt man sich erst einmal sinken.

»Ich bin o. k., du bist o. k.«, flüstert die Tante, und man möchte ihr so gern glauben und schließt die Augen.

Was San Francisco allerdings nicht ist, obwohl es häufig behauptet wird: eine »europäische« Stadt. Dieses Etikett haben dieser Stadt Menschen aufgedrückt, die noch nie in Europa waren. Im Gegenteil, die spezielle nordkalifornische Mentalität ist nicht nur dem Rest der Amerikaner fremd, die gern behaupten, hier lebten nur Spinner, sondern gibt auch uns Einwanderern Rätsel auf.

Neulich saßen wir beim Abendessen zusammen, Deutsche und Schweizer, die seit drei Wochen oder einem Jahr oder auch seit zwanzig Jahren in San Francisco lebten. Und automatisch drehte sich das Gespräch um die kulturellen Unterschiede, die einem Europäer hier auffallen, anders gesagt: »Die spinnen, die Amerikaner.«

Immer ein beliebtes Thema.

»Der Amerikaner ist ein Pfirsich«, sagte der Journalist aus Zürich. »Der Schweizer hingegen eine Kokosnuss.«

Wie bitte?

»Der Amerikaner an und für sich ist äußerlich weich, doch an den knallharten Kern kommt man nicht heran. Der Schweizer hingegen wirkt hart und haarig, aber wenn du ihn erst mal geknackt hast, ist die Belohnung süß.«

»Und nahrhaft.«

Die anderen nickten eifrig. Die Oberflächlichkeit! Die Dummheit! Ganz zu schweigen von den Essgewohnheiten! So ging das eine ganze Weile. Erfolglos versuchte ich gegenzusteuern: »Aber die Hilfsbereitschaft! Die Offenheit!«

»Gilt nicht«, sagte die junge Anwältin aus Berlin. »Ist doch alles total ›fake‹!« Und erzählte von den grimmigen russischen Wurstverkäuferinnen, die ihr besonders fehlten: »Bei denen weißt du wenigstens, woran du bist!«

Warum ist Freundlichkeit automatisch oberflächlich und Gehässigkeit tiefschürfend?, dachte ich. Hat mich die Berliner Wurstverkäuferin nicht ebenso schnell vergessen wie die »Love the outfit, Honey!«-Kassiererin im amerikanischen Supermarkt?

Doch da hatte sich das Gespräch schon den immer hässlichen Schuhen der Pendler im Vorortzug zugewandt.

Meine Tischgenossen waren allesamt weit gereist und weltgewandt – oder würden das gern von sich behaupten. Und freiwillig in San Francisco. Doch die Erkenntnis, dass San Francisco nicht Zürich, Berlin oder Hamburg ist, erfüllte sie mit selbstgerechter Empörung.

Irgendwann hatte ich genug.

»Hört mal«, sagte ich, »eure Gefühle in Ehren« – so was

sagt man nun mal in Kalifornien – »aber ich habe wirklich keine Lust, mein letztes Jahr hier mit euch ständig nörgelnden Euro-Snobs zu vertrödeln! Zufällig liebe ich nämlich diese Stadt.«

Einen Augenblick lang war es still.

Dann sagte mein Mann: »Es ist kein Jahr mehr.«

Ich stand auf, ging in die Küche und drehte den Heißwasserhahn auf. In der Schweiz würde ich eine Spülmaschine haben.

Am nächsten Morgen ging ich die 24th Street entlang, die den lateinamerikanisch geprägten Mission District mit dem schickeren Noe Valley verbindet. Im Morgenlicht flimmerte die Straße grell, die Früchte leuchteten auf den Ständen des mexikanischen Marktes, die bunt bemalten Fassaden, die Murals, mit Szenen aus dem Alltag und der Geschichte der Latino-Bevölkerung, strahlten. Die Heiligenstatuen in den Auslagen lächelten breit, und selbst der Betrunkene, der vor der Treat Street Bar auf dem Gehweg lag, sah aus, als hätte ihn ein Dekorateur da hindrapiert.

Vielleicht war es das Licht. Vielleicht war es mein Blick.

In weniger als einem Jahr würde ich diese Stadt verlassen. Das wusste ich zwar seit einer ganzen Weile, aber es war mir erst gestern, durch die Bemerkung meines Mannes, so richtig bewusst geworden.

Und obwohl ich nun schon seit sieben Jahren in San Francisco lebte, war es, als sähe ich alles zum ersten Mal: das Brava Theater Center, in dem mein Freund Steiner mit seinem Orchester auftrat. Das Café, in dem zu jedem beliebigen Zeitpunkt an mindestens zwei Theaterstücken gearbeitet wurde. Die rosa gestrichene Fassade von Alices Yogastudio, in dem sich heute ein Reisebüro befand, das Billigflüge nach

Mexiko und Guatemala anbot. Der schmucklose Burrito-Laden, vor dem nachts die Partyvögel Schlange standen. Die Drogenhändler an der Ecke, die mir einmal zuvorkommend das Auto aufgebrochen hatten. Ich hatte meinen Schlüssel im Zündschloss stecken gelassen, und während ich noch verzweifelt gegen den Reifen trat, löste sich eine Gestalt aus der Gruppe und schlurfte auf mich zu.

»Dumm, was?«, murmelte er. »Aber ich kann Ihnen helfen. Wenn Sie einen Metallkleiderbügel dahaben.« Hatte ich nicht, aber ich ließ mir in der Reinigung nebenan einen geben. »Sieht nicht gut aus, wenn ich danach frage«, kommentierte das mein ungewaschener Begleiter, der das Teil mit zwei Handgriffen zu einem Haken bog, diesen zwischen Fenster und Tür schob und mit einem kurzen, heftigen Ruckeln mein Auto öffnete.

Eine blitzschnelle Aktion, der ich den Glanz nahm, indem ich dämlich fragte: »Wow, wo haben Sie denn das gelernt?«

Und dann war da noch St. Francis Fountain, eine altmodische Eisdiele, die vor Kurzem von jungen Hipstern vor dem Untergang gerettet wurde und nun veganische Sodafloats anbot. Ein Sodafloat ist ein zweifelhaftes Gebilde aus Eis und zuckriger Limonade, das wie ein Chemieexperiment aufschäumt und dann mit einem Strohhalm aufgesogen wird. Etwas, das man entweder als Kind lieben lernt oder gar nicht.

Eines der vielen kleinen alltäglichen Wundernisse, die mir bewusst machten, dass ich eben keine Amerikanerin bin.

Wer war denn der Amerikaner an und Pfirsich, den meine Gäste so präzise analysiert hatten? Meinten sie den weißen, urbanen College-Abgänger mit dem breiten Kiefer? (Warum haben Amerikaner eigentlich so viele Zähne? Damit sie uns besser ...?) Oder das obdachlose Paar, das jeden Tag im heruntergekommenen, mit Wolldecken verhängten Kleinbus vor der Schule auf seine Kinder wartete? Die chinesische Großmutter, die ihren Enkel zum Schutz gegen gefährliche Winde so dick einpackte, dass die Lehrerin den Ernährungsberater hinzuzog, der dann Schicht um Schicht ein ganz normalgewichtiges Kind auswickelte? Oder sprachen sie von den mexikanischen Familien, die mangels Garten auf dem Bürgersteig grillten und ihre Fleischstücke großzügig mit Nachbarn und Passanten teilten? Den Project-Kids aus den nahen Sozialsiedlungen, die sich abends vor dem Schnapsladen versammelten, kleine Kinder in Strumpfhosen nachlässig auf den Hüften balancierend, und laute Musik aus geparkten Autos hörten? Um nur ein paar meiner Nachbarn aufzuzählen. Meiner amerikanischen Nachbarn.

Amerika ist anders.

Und wie meine Gäste war ich darauf nicht gefasst gewesen. Nach Amerika auszuwandern ist ja scheinbar ganz einfach: Alles ist auf den ersten Blick vertraut. Straßenecken und Reklameschilder kennt man aus Film und Fernsehen, man kann die Songs mitsingen, auch wenn man den Text nicht versteht. Man kauft sich einen billigen Amischlitten und eine große Sonnenbrille, lässt den Ellbogen aus dem Fenster baumeln und fühlt sich gleich zu Hause. California Dreaming!

Im ersten Jahr hätte ich bei solchen Diskussionen wie mit meinen Gästen gestern besser mithalten können. Wie sie hatte ich mir auch bald eingebildet, alles zu verstehen. Doch je länger ich hier lebte, desto weniger konnte ich meine Eindrücke auf den Punkt bringen.

Armut, Gewalt, Einsamkeit. Horrende Mieten und Designerkaffee für vier Dollar fünfundneunzig. Keine Sozialhilfe, keine Kulturförderung, keine Parkplätze. Auch keine heiratswilligen Heterosexuellen. Konsequente Toleranz und radikale Forderungen, Akzeptanz und Härte: Die Stadt ist voller Widersprüche. Und ein härteres Pflaster, als erst einmal angenommen.

Das Gefühl, fremd zu sein, zur falschen Zeit am falschen Ort, etwas zu verpassen, nicht mitzubekommen, nicht richtig zu reagieren, sich durchschummeln zu müssen: Diese alltäglichen Erniedrigungen sind Teil des Abenteuers Auswandern. An einem fremden Ort macht man automatisch erst einmal alles falsch. Das ist im Auswandern inbegriffen. Und hat einen seltsam befreienden Effekt.

Man fühlt sich fremd, weil man fremd ist. Man hat eine gültige Entschuldigung für sämtliche Fauxpas, die einem so unterlaufen. Vielleicht hatte ich deshalb nie das geringste Bedürfnis, mir die Fremde möglichst schnell untertan zu machen, mich möglichst schnell zurechtzufinden. Die Fremde zwingt mich, ihr mit offenen Augen zu begegnen. Zu beobachten. Zu notieren. Nachzudenken.

Im Gegensatz zu den empörten Europäern, die nicht darüber hinwegkamen, dass die Pizzaböden deutlich dicker waren als bei »ihrem« Italiener in Zürich oder Berlin oder dass nicht jeder, der sie »Honey« nannte, damit ewige Liebe bezeugte, faszinierte mich dieses tägliche Abweichen vom Gewohnten. Das sagte ebenso viel über mich aus wie über Amerika. Wenn nicht mehr.

In acht Jahren hat sich jedes Vorurteil, das ich von Amerika hatte, bestätigt. Und gleichzeitig widerlegt. Wenn ich ein Fazit ziehen müsste, wäre es das: Amerika ist alles und das Gegenteil von allem. Amerika ist anders.

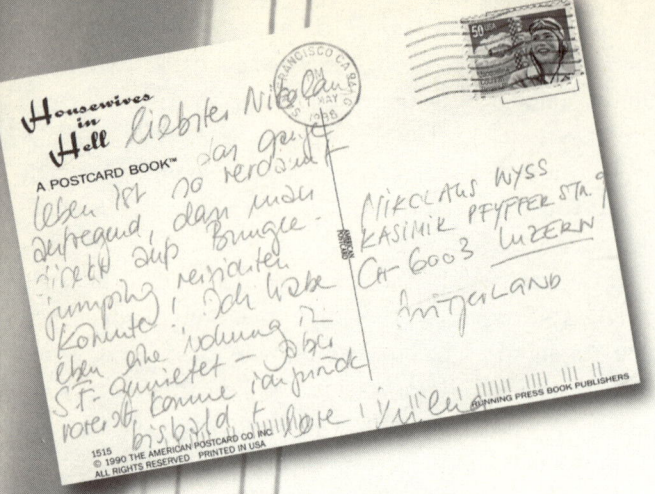

If you are going
to San Francisco

Über diese Brücke musst du fahren

»Unbedingt über die Brücke fahren«, sagte Nina, als wir die Reise planten: von Los Angeles nach San Francisco und wieder zurück, auf dem berühmten Küstenhighway 1. Zur Vorbereitung schauten wir uns den Film *Thelma & Louise* an. Zweimal hintereinander.

Dass ich nicht Auto fahren konnte, hinderte mich nicht daran, einen Roadtrip zu planen, mit meiner Schwägerin Nina am Steuer und drei Kindern auf dem Rücksitz, meinen Söhnen Lino und Cyril, damals zehn und drei, und meiner dreizehnjährigen Nichte Leandra. Keiner von uns war bisher schon einmal in Amerika gewesen, doch wir wussten genau, was wir wollten: über die Golden Gate Bridge in den Sonnenuntergang fahren. In die Freiheit. Ins Abenteuer. Die Golden Gate Bridge mit ihren dunkelorangefarbenen Pfeilern und mit ihren kühn gespannten Kabeln kannten wir aus der Zigarettenreklame – ausgerechnet. Über diese Brücke, in einem pinkfarbenen Cadillac mit offenem Verdeck, im Wind flatternde Seidentücher, schmetterlingsförmige Brillen. Die Sonne würde wie eine riesige Orange am Himmel hängen, der Ozean neben der Straße aufschäumen. Wir würden spontan anhalten, unsere Surfbretter aus dem Kofferraum nehmen, barfuß über den heißen Sand laufen … und wir würden Hamburger essen, mittags und abends nur Hamburger, das jedenfalls hatten die Kinder beschlossen. Leandra wollte für die Dauer der Reise sogar ihre vegetarische Ernährung umstellen. Wir würden Cowboystiefel tragen. Und große Hüte. Quertanzen. Englisch sprechen. Eiswürfel in unseren Wein werfen. Alles wäre möglich. Absolut alles.

Doch in der Autovermietung am Flughafen von Los Angeles händigte man uns den Schlüssel für einen Kleinbus ohne den geringsten »*Thelma & Louise*«-Appeal aus. Es regnete. Und nach ungefähr einer halben Stunde tauchte auch schon ein Streifenpolizist mit blinkendem Blaulicht hinter uns auf.

Nina fuhr an den Straßenrand, ich drückte mit zitternden Fingern den Knopf, der das Fenster öffnete. Die Kinder waren plötzlich erstaunlich still – Lino gestand später, trotz wiederholter »No littering!«-Warnschilder einen Kaugummi aus dem offenen Fenster geworfen zu haben.

Der Polizist trug hohe Stiefel, eine verspiegelte Brille und eine Pistole im Holster. »Ihr Fahrstil ist exzellent, Ma'am«, sagte er zu Nina, »wenn Sie auch ein kleines bisschen zu schnell fahren …«

Es regnete noch immer. Und es war kalt. Unterdessen hatten wir gemerkt, dass man Popsongs keinen Glauben schenken darf: *It Never Rains in Southern California …* von wegen! Stattdessen lief *I Will Survive!* in der trotzigen Urversion von Gloria Gaynor, rauf und runter, vor und zurück, bis die Kinder protestierend gegen meine Rückenlehne kickten.

»Das Lied läuft so lange, wie eure Mama das braucht!«, beschied Nina streng. Und ich würde es bis San Francisco brauchen. In San Francisco würde etwas passieren, das wusste ich.

Auf der langen, monotonen Autofahrt erholte ich mich langsam von den diversen Katastrophen privater und beruflicher Natur, die kurz vor unserer Abreise über mich hereingebrochen waren, Katastrophen, denen ich mich willenlos ausgeliefert fühlte wie San Francisco dem nächsten Erdbeben, dem »big one«.

Vielleicht fühlte ich mich deshalb mit dieser Stadt verbunden und setzte meine Hoffnungen in sie. Hoffte, dass der Bürgermeister persönlich unseren Wagen anhalten und mir die Schlüssel zur Stadt aushändigen würde. Oder wenigstens zu einer kunterbunt bemalten viktorianischen Villa, die man laut Reiseführer »painted ladies« nennt.

Schließlich hatte ich seit Jahren das Gefühl, ich sollte eigentlich in San Francisco leben, ohne je da gewesen zu sein, ohne viel über die Stadt zu wissen, sogar die Golden Gate Bridge hatte Nina mir auf einem Foto zeigen müssen. Es war nur so ein Gefühl, dass ich durch eine kosmische Verwechslung in Zürich gelandet war. Ein irrationales Gefühl, dem ich selbstverständlich nicht nachgab. Wo käme man denn da hin?

Vom Süden her über den Highway 101 nach San Francisco hineinzufahren ist eine enttäuschend unspektakuläre Erfahrung, außer in der Nacht, wenn die Lichter von Downtown schon von Weitem verführerisch funkeln. Doch wir kamen am Nachmittag an, und die Stadt war grau. Das Wetter war das, was Einheimische »nassen Nebel« und Touristen einfach »Regen« nennen.

Zum Trost quartierten wir uns in ein schickes, kitschig renoviertes Hotel in der Innenstadt ein, das King George, wo einem schon in der Empfangshalle Weißwein und Kekse angeboten wurden. Hier gefiel es uns. Wir bedienten uns großzügig, bevor wir unsere Zimmer aufsuchten. Und da, inmitten der üppigen, wilden Blumenmuster, die jeden Quadratzentimeter bedeckten, merkte ich erst, dass ich den länglichen Briefumschlag mit sämtlichen Flugtickets und unserem gesamten Bargeld für die Reise in Santa Barbara auf dem Motelbett hatte liegen lassen.

Da hatte ich mein Zeichen! Ich brach in Tränen aus. »Warum schon wieder???«, heulte ich. »Warum immer ich???«

Nina war höflich genug, mich nicht darauf hinzuweisen, dass ich auch IHREN Flugschein verloren hatte. Sie zog mit den Kindern Richtung Fisherman's Wharf los, während ich hektisch in der Weltgeschichte herumtelefonierte. Ohne Erfolg. Das Geld war weg, und ob sich die Tickets ersetzen ließen, würde sich erst in Los Angeles zeigen. Für den Rest der Reise würden wir uns auf die magischen Eigenschaften meiner Kreditkarte verlassen müssen.

Zwei Stunden später stieß ich zu den anderen mitten im touristischen Trubel – Fisherman's Wharf ist nicht, wie der Name vermuten ließe, ein romantischer Fischerhafen, sondern eine endlose und meist überfüllte Ansammlung von Souvenirständen und Spielhöllen. An einem Imbissstand aßen wir ein ausgehöhltes Sauerteigbrot, das mit Muschelsuppe gefüllt war. Eine Spezialität, die keinem von uns so recht schmecken wollte.

»Und?«

»Nichts.«

Was nun? Es gab nur eines zu tun in dieser Lage: Wir suchten das Ripley's Believe It Or Not! Museum auf, wo man unglaubliche Dinge sehen kann, die den Verlust von ein paar Scheinen unwichtig erscheinen lassen, wie zum Beispiel ein zweieinhalb Meter langes Cable Car, das aus 270 836 Streichhölzern zusammengesetzt ist.

Robert LeRoy Ripley, der 1893 in der Bay Area geboren wurde, veröffentlichte seine ersten Cartoons im *San Francisco Chronicle*, bevor er sich aufmachte, die Welt nach Kuriositäten zu durchstöbern, von denen er selbst, wie ein Kollege witzelte, die größte war. Dass man aus solchen Verschrobenheiten ein Lebenswerk konstruieren kann, beruhigte mich, noch bevor eine riesige Maschine den Puls meines Zeigfingers maß und mir auf einem nach längerem Rattern und Rumpeln ausgespuckten Zettel beschied, dass alles gut werden würde.

Was wir selbstverständlich glaubten.

Bis uns der Hotelmanager auf ein »Problem« mit meiner Kreditkarte aufmerksam machte.

Überstürzt verließen wir das teure Hotel in Richtung Jugendherberge, die sich praktischerweise gleich nebenan befand.

San Francisco hat eine der schönsten Jugendherbergen der Welt, in Fort Mason, einem einstigen Militärstützpunkt. An den ehemaligen Piers haben sich Galerien, Theater- und Improvisationsgruppen und das vegetarische Feinschmeckerlokal Greens, das vom lokalen Zen-Center betrieben wird, niedergelassen. Die Jugendherberge selbst liegt auf einem sanften Hügel in einem Park, der zu jedem beliebigen Zeitpunkt voller Hochzeitspaare ist, die für Bilder posieren. Von da hat man einen Blick auf das bunte Treiben an den Piers, auf die Golden Gate Bridge, die Segelboote der Marina, die hingebungsvollen Jogger und den schicksten Supermarkt der Stadt (der in Armistead Maupins *Tales of the City* nicht zu Unrecht als Aufreißlokal erster Güte beschrieben wird).

Die hundertfünfundsechzig Kajütenbetten der Jugendherberge sind immer lange im Voraus ausgebucht, und natürlich bekamen wir da auch kein Zimmer, sondern zogen weiter in die andere Jugendherberge in der Mason Street in San Franciscos Downtown.

Der livrierte Concierge des Hotel King George lud unsere Siebensachen und das kleinste der Kinder auf einen Rollwagen mit vergoldeten Streben und begleitete uns die Straße hinunter.

»Not a problem, Ma'am!«

Und es war dann auch keines. Den Kindern gefiel es in der Jugendherberge viel besser als im Hotel, vor allem, weil wir zu fünft in einem Zimmer schliefen und auf dem Fußboden picknickten. Unsere Ausflüge in den Park (gratis) kamen mindestens so gut an wie teure Museumsbesuche – wenn nicht sogar besser. Wir saßen an Bushaltestellen und unterhielten uns mit den Einheimischen. Fast hatten wir das Gefühl, hier zu leben. Dazuzugehören.

Bevor wir die Rückreise Richtung Süden, zurück nach Los Angeles, antraten, fuhren wir ans nördliche Ende der Stadt und über die Golden Gate Bridge. Die Golden Gate Bridge, die nicht golden ist, sondern rot, genauer gesagt »international orange«, zeigte sich bedeckt.

Meist ragen nur die Spitzen aus dem dichten Nebel über der San Francisco Bay. Das Wahrzeichen der Stadt, das Tor zum Pazifik, die 1937 fertiggestellte Hängebrücke, zieht nicht nur Touristen, sondern auch Selbstmörder aus aller Welt an. Jede zweite Woche springt einer. Die Küstenwächter schließen Wetten ab, an welchem Tag es geschieht. Nur ganz selten überlebt einer, wenn er mit den Füßen voran schräg ins Wasser schießt, statt gerade aufzuprallen wie auf einer grauen Betonfläche. Es ist leicht, von der Brücke zu springen, die Brüstung ist nur hüfthoch, auf besonderen Wunsch des klein gewachsenen Chefingenieurs Joseph Strauss, der auf den offiziellen Bildern nicht wie ein Kind aussehen wollte, das kaum über die Tischkante blicken kann. Ironischerweise traf derselbe Strauss beim Brückenbau ungewöhnlich strenge Sicherheitsmaßnahmen: Die Arbeiter mussten, was damals sehr ungewöhnlich war, Helme tragen, und unter der Brücke wurde ein Netz gespannt. An einem Tag stürzten neunzehn Männer auf einmal ab – in das Sicherheitsnetz. Die Truppe wurde als Halfway to Hell Club bekannt.

Die Golden Gate Bridge stahl der ein Jahr vor ihr mit großem Pomp eröffneten Bay Bridge, die San Francisco mit Treasure Island und der East Bay verbindet, sofort und nachhaltig die Show. Aus der Bay Bridge, der »Mutter aller Brücken«, wurde »the ugly twin«, die hässliche Stiefschwester, von Fotografen, Touristen, Filmemachern und Selbstmördern gleichermaßen missachtet. Sogar der Brückenzoll ist auf der deutlich kürzeren Golden Gate Bridge höher.

Als wir auf der anderen Seite der Golden Gate Bridge angekommen waren, stiegen wir aus dem Auto aus. Hinter uns wie träge Elefantenrücken die faltigen, grüngrauen Hügel der Marin Headlands. Vor uns die Stadt, weiß aus dem Nebel steigend. Unter uns die Bay.

»Und ich muss zurück in dieses Kaff«, seufzte Leandra. »Sag nichts!«

Wir schauten uns an.

Leandra, Nina und ich waren damals dreizehn, vierundzwanzig und fünfunddreißig Jahre alt. Je elf Jahre auseinander. Das erschien uns bedeutungsvoll genug, um zu verabreden, dass wir uns in elf Jahren wieder in San Francisco treffen würden. Keine von uns konnte sich vorstellen, wie es sein würde, elf Jahre älter zu sein.

»Vielleicht lebe ich ja dann in San Francisco«, sagte Nina. »Vielleicht arbeite ich hier am Theater oder so was.«

»Oder ich«, rief Leandra. »Ich könnte hier ein Austauschjahr verbringen.«

»Tja«, sagte ich, »das ist gut möglich, ihr könnt ja so was noch machen, ihr seid noch jung, ihr seid frei, ihr habt keine Kinder …«

Ich verstummte. War das wirklich ich, die so redete? Die so missgünstig, verbittert, mutlos war? In diesem Moment beschloss ich, es einfach zu versuchen. Wann, wenn nicht jetzt?

»Freedom's just another word for nothing left to lose …« Hatte nicht Janis Joplin auch in San Francisco gelebt?

»Hey«, sagte ich nach einer kurzen Pause. »Wer immer dann hier lebt, lädt die anderen ein.«

»Yeah!«

»Das machen wir!«

Dann unterbrachen uns mit aufgeregten Schreien die Kinder, die einen weißen Hai gesehen haben wollten. Dessen etwas überdimensionierte Rückenflosse stellte sich bei näherer Betrachtung allerdings als Segel eines kleinen Bootes heraus.

Abstecher:
Auf und unter der Golden Gate Bridge

Mit dem Bus Nummer 10, 22, 28, 30, 47, 49 oder 82
bis **Fort Mason** fahren.

Dort erst einmal bei **Greens to go** einen Kaffee und ein
perfektes Käse-Scone bestellen. Das Restaurant **Greens**,
das vom Zen-Center geleitet wird und mittags und
abends hervorragende vegetarische Kost serviert, ist
morgens leer und steht den Kunden des Kaffeestandes
am Eingang offen. Der Blick über die Segelboote und
die Brücke ist unvergleichlich. Fort Mason Center, Building A North, Tel. 415-771 6222 und 415-771 6330,
www.greensrestaurant.com.

Dann ein kleiner Rundgang durch die ehemaligen
Lagerhallen auf den Docks, wo sich unter anderem
folgende Attraktionen befinden: **Mexican Museum**,
Building D, Tel. 415-202 9700 · **Museo ItaloAmeri-
cano**, Building C, Tel. 415-673 2200, www.museoitalo-
americano.org · **Performing Arts Workshop**, Building
C, Tel. 415-673 2634 · **Book Bay Bookstore**, Building
C, Tel. 415-771 1076 · **SF MoMA Artists Gallery**,
Building A, Tel. 415-441 4777 · und das **Magic
Theatre**, Building D, Tel. 415-441 8822.

Informationen zu aktuellen Veranstaltungen unter
www.fortmason.org.

Wer gleich bleiben will, mietet sich ein Kajütenbett
in der **Jugendherberge**, Fort Mason, Building 240,
Tel. 415-771 7277, www.norcalhostels.org /
www.sfhostels.com.

Dann je nach Konstitution zu Fuß (Achtung: Jogger!)
oder im 28er-Bus der Marina entlang zu den **Crissy Fields**.

Spaziergang durch die Dünen (Achtung: Kinderwagen-Jogger!) bis zur nächsten Stärkung, je nach Appetit in der **Warming Hut**, Tel. 415-561 3000, oder im **Crissy Field Center Café and Bookstore**, Tel. 415-561 7752. An beiden Orten wird das Menü von der legendären Gastronomin Alice Waters aus biologisch angebauten Zutaten zubereitet. Souvenirs und Bücher gibt es an beiden Orten zu kaufen.

Danach ein kleiner Verdauungsspazierung unter der Brücke hindurch zu **Fort Point**, wo Kim Novak ins Wasser gesprungen ist. Zur Nachahmung nicht empfohlen. Fort Point, die ehemalige Festung, bietet nachts Candlelight-Touren an; Tel. 415-556 1693.

Von da die Treppe hoch zur **Golden Gate Bridge** und zu Fuß einmal darüber spazieren, in beide Richtungen schauen. Bitte nur vorsichtig übers Geländer beugen!

Mary Ann Singleton bin ich

Eine Woche später war ich wieder in San Francisco. Allein. Ich hatte vier Tage Zeit, in der fremden Stadt eine Wohnung zu finden. Schulen für die Kinder. Aufenthaltsbewilligungen.

Ich tat das einzig Naheliegende: Ich suchte einen Wahrsager auf.

Im Psychic Eye Bookshop in der Fell Street arbeiten die Buchhändler zugleich auch als Wahrsager. Ein blasser, beinahe durchsichtiger junger Mann namens Tayler führte mich in ein notdürftig mit Tüchern abgetrenntes Separee im hinteren Teil des Ladens.

»Fangen wir an.« Er fächerte die Karten auf und ließ mich eine ziehen. »Sie stehen zwischen zwei Männern«, sagte er.

Ich stöhnte. »Nicht doch«, sagte ich. »Ich will wissen, ob ich hier in San Francisco glücklich werde. Ob es richtig ist, hierherzuziehen.«

Beinahe beleidigt sah er von den Karten auf. »Es ist immer richtig, hierherzuziehen!«

Ich hatte genug gehört. »Vielen Dank«, sagte ich.

Er raffte die Karten zusammen. »Kommen Sie wieder.«

»Vielleicht werde ich das«, sagte ich unbestimmt, aber höflich.

33

Da wurde er ungeduldig: »Lady, ich bin Wahrsager. Ich WEISS, dass Sie wiederkommen werden!«

Da täuschte er sich, aber er hatte mir genau das gesagt, was ich hören wollte: Es ist immer richtig, hierherzuziehen.

Ich deutete es als günstiges Zeichen, dass sich gleich gegenüber vom Psychic Eye Bookshop ein Immobilienmaklerbüro befand. Ich reihte mich in die lange Schlange der Wartenden ein und füllte meinen Fragebogen aus.

1998 hatte der Internetboom seinen Höhepunkt schon fast erreicht. In San Francisco herrschte Wohnungsnot. Hätte ich im Wartezimmer nicht zu einem meiner geliebten Prominentenklatschmagazine gegriffen, sondern nach dem *San Francisco Chronicle*, hätte ich den Erfahrungsbericht einer von der Ostküste zugezogenen Reporterin lesen können. Sechs Monate lang musste sie in einem schmuddeligen, überteuerten möblierten Zimmer für Geschäftsleute auf der Durchreise ausharren, bevor sie eine Wohnung fand, die nicht nur kleiner und teurer als geplant war, sondern auch vierzig Autominuten von San Francisco entfernt lag. Vielleicht hätte mich ihre Erfahrung abgeschreckt. Vielleicht nicht.

Als ich endlich an der Reihe war und meinen Fragebogen einer überarbeiteten Maklerin aushändigte, strahlte ich erwartungsvoll.

Sie überflog meine Angaben und zückte den Rotstift. »Zweitausend Dollar???« Schnauben. »Vergessen Sie's!«

»Ja, aber mehr habe ich nicht, und ich habe auch nur vier Tage Zeit, um eine Wohnung zu finden – eigentlich nur noch drei.«

Ich hatte mir im Reiseführer die Stadtviertel angestrichen, die mir gefallen würden: das schicke Noe Valley mit seiner Flaniermeile, an der sich charmante Bistros an Krimibuchhandlungen und Schuhläden reihen. Oder den regenbogenbunten, aber längst nicht mehr schwulen Castro District, dessen »painted ladies« farbiger sind als irgendwo sonst, ebenso wie die in ihnen lebenden Familien. Und natürlich den absurd steilen Russian Hill, den Ort der Handlung von Armistead Maupins Tales of the City, weniger teuer als der manchmal Snob Hill genannte Nob Hill, aber mit derselben atemberaubenden Sicht auf die Bucht.

Die Maklerin schnaubte wieder und fuhr mich stattdessen in den Richmond District, ein Viertel, das nicht mehr im Stadtzentrum liegt und sich von nördlich des Golden Gate Park bis hinunter zum Meer zieht. Die Dünen. Fog Central. Früher einmal die Sommerfrische der Städter, mit den Sutro Baths am sogenannten Land's End, dem äußersten Zipfel der Stadt, und dem Cliff House, das »sündige« Unterhaltung versprach. Zwischen diesen Attraktionen und der Innenstadt lagen lange Zeit nur Dünen und Friedhöfe.

Dass seit 1900 in San Francisco keine Toten mehr beerdigt werden dürfen, ist der ersten und bei Weitem nicht letzten Wohnungsnot zuzuschreiben, die der Goldrausch ausgelöst hatte. San Francisco ist auf drei Seiten von Wasser umgeben und kann sich nicht ausdehnen. Und obwohl die Wohnungsnot von 1849 den Bewohnern von, sagen wir, 1998 höchstens ein bitteres »Ha!« entlockt hätte, so hielt es der Stadtrat damals für nötig, die Toten zu versetzen, um so mehr Platz für die Lebenden zu schaffen. Fortan durfte niemand mehr auf Stadtboden begraben werden, außer ein paar wichtigen, alteingesessenen und selbstverständlich reichen Bürgern, die ihre Grabstätten auf dem Presidio-Friedhof, der genau genommen nicht zur Stadt gehörte, sondern zur Parkgesellschaft, reserviert hatten.

1937 wurden die letzten Friedhöfe im Richmond District, die seit Jahren Vandalen anzogen, aufgelöst und Wohnhäuser auf die Grundstücke gebaut. Die Grabsteine wurden umgesetzt, und diejenigen, die niemandem mehr zugeordnet werden konnten, wurden dazu benutzt, die Kanalisation abzustützen. Die Toten wurden aus- und wieder eingegraben, wobei einige von ihnen verloren, verwechselt oder ganz einfach liegen gelassen wurden.

Inzwischen sind alle einstigen Freiflächen bebaut. Nach und nach haben sich die sauber durchnummerierten Avenues mit kleinen, pastellfarbenen und mit Stuck geschmückten Einfamilienhäusern gefüllt, die aus unerfindlichen Gründen »mediterraneans« genannt werden. Sie wurden Anfang des zwanzigsten Jahrhunderts von irischen Einwanderern und aus der Schweiz stammenden Milchbauern bewohnt. Nach dem Zweiten Weltkrieg, als ihnen erstmals erlaubt wurde, sich auch außerhalb von Chinatown anzusiedeln, zogen vor allem chinesische Familien in die Dünen. Eine neue, wohlhabendere Einwanderergeneration aus Asien folgte in den siebziger Jahren. Ein langer Abschnitt der Clement Street wird deshalb auch »New Chinatown« genannt. Nach den Chinesen kamen die Russen, von der golden glänzenden Kuppel der orthodoxen Kirche am Geary Boulevard angezogen. An vielen Geschäften im Richmond District prangen nur kyrillische oder asiatische Schriftzüge. Ganz vorn am Meer, in Sea Cliff, hat sich die Prominenz angesiedelt: Robin Williams, Sharon Stone.

Doch so weit fuhr Lanie, die Immobilienmaklerin, mit mir nicht.

Drei Wohnungen standen auf der Liste. Lanie war merklich freundlicher, seit ich ihr versichert hatte, es störe mich nicht im Geringsten, in einem Auto mitzufahren, in dem bis vor drei Monaten noch regelmäßig geraucht worden war.

»Ehrlich gesagt, ich sehe schwarz«, sagte sie zu mir. »Um jede dieser Wohnungen streiten sich zwanzig potenzielle Mieter. Amerikanische Mieter. Mit festen Anstellungen. No offense.«

No offense heißt: Ich will dich ja nicht beleidigen, aber ich tu's doch.

Die erste Wohnung hätte mir schon gefallen, doch der Vermieter sagte: »Oh, Sie haben KINDER?«

An der zweiten Adresse öffnete eine in Tränen aufgelöste ältere Russin die Tür nur einen Spaltbreit. Sie werde den Wegzug ihrer lieben Mieter ohnehin nicht überleben, warum solle sie uns also die Wohnung zeigen?

Die dritte Wohnung war eine Baustelle. Im großen Wohnzimmer stand ein staubbedeckter Mann, der eine Tür abschliff – so sah es zumindest aus. Wir gingen durch die Zimmer, die türlos und voller Schmutz waren, die Küche, das Badezimmer, ganz leer, keine Armaturen, nur Leitungen, die aus der Wand ragten. Wir standen am Fenster und schauten in den Garten, der von Bauschutt bedeckt war.

»Den können Sie mitbenutzen.«

»Cool«, sagte ich. »Das wird die Kinder freuen.«

»Kinder?«

»Zwei Jungs«, sagte ich. »Drei und zehn.«

Er nickte. »Unsere sind zehn und zwölf«, sagte er. Und dann: »Ich hole mal meine Frau.«

Ich schritt von einem Zimmer zum anderen. Lanie sandte mir aufmunternde Signale mit ihren Augenbrauen zu und ging dann schließlich hinaus, um an ihrem Handy herumzuspielen.

Die Frau, die endlich die Treppe herunterkam, hielt sich gebückt. Sie erholte sich von einer größeren Operation. »Ich habe Phil verboten, mich runterzurufen, wenn's nicht wichtig ist. Hi, ich bin Mara.« Sie schüttelte meine Hand. »So, du hast auch zwei Jungs?«, sagte sie. »Dann sind wir also die einzigen Frauen in diesem Männerhaus!«

Lanie war noch nicht bereit, die Champagnerkorken knallen zu lassen. »Kein Geld, keine Anstellung, und dann sind Sie Ausländerin, no offense, aber …«

Wir setzten uns hin, um den Vertrag auszufüllen – »long term«, bestimmte Mara, was in San Francisco zwölf Monate bedeutet, und genau so lange wollten wir ja auch bleiben. Phil versprach, die Wohnung in drei Monaten einzugsbereit zu haben. Mara rollte die Augen.

Und dann, bevor er seinen Namen unter meinen setzte, stellte Phil die Preisfrage: »Warum eigentlich San Francisco?«

Ich holte tief Luft. »So idiotisch es klingen muss: *Tales of the City*«, sagte ich.

Den sechsbändigen Zeitungsroman von Armistead Maupin hatte ich im sogenannten Wochenbett verschlungen: Baby in der Armbeuge, Buch unters Kinn geklemmt.

Gleich zu Anfang kommt eine junge Frau aus Ohio nach San Francisco, Mary Ann Singleton. Eigentlich nur für zwei Wochen. Doch in dem Augenblick, in dem sie aus dem Flugzeug steigt und ihren Fuß auf den Boden »der« City setzt, weiß sie, dass sie hierher gehört. Hier zu Hause ist. Sie kündigt ihren Job und zieht in eine Wohnung in der Barbary Lane Nummer 28, und der Rest ist Geschichte.

Wie mein hübscher Wahrsager wusste sie, dass es nie ein Fehler sein konnte, hierherzuziehen.

Und beim Lesen überkam mich diese eigentlich absurde

Gewissheit: Ich auch! Obwohl ich zehn Jahre älter war als Mary Ann und zwei Kinder hatte, obwohl ich noch gar nie in San Francisco gewesen war. Ich auch! Ich gehörte auch nach San Francisco! Und das Gefühl ließ mich seither nicht mehr los.

»*Tales of the City.*« Phil nickte. Ihm leuchtete das ein. Selbst ein Fan der Geschichte, bot er seinen Taxikunden Umwege zur Barbary Lane an. Doch eine Frage hatte er noch: »Wofür steht Anna Madrigal, der angenommene Name der Vermieterin der Barbary Lane Nummer 28?«

Eine Testfrage.

Ich konnte ein Lächeln nicht unterdrücken. Das war einfach. »A man and a girl«, sagte ich.

»Und Armistead Maupin?«

»Is a man I dreamt up.«

Phil setzte seinen Namen unter den Vertrag.

Erster Halt muss selbstverständlich **The Buena Vista Café** sein, wo Mary Ann nach nur drei der legendären Irish Coffees beschloss, nicht mehr nach Hause zurückzufahren. Wie viele brauchen Sie? 2765 Hyde Street, Tel. 415-474 5044, www.thebuenavista.com.

Die **Barbary Lane** existiert nicht, das verschachtelte Mietshaus von Anna Madrigal wurde in einem Studio nachgebaut. Doch die hölzernen Treppenstufen gibt es tatsächlich, an der Macondray Lane, die von der Taylor Street abgeht, zwischen Union und Green.

Jiffy's, der Krämerladen mit dem charmanten Lieferjungen, der Dedes Zwillinge zeugte, heißt eigentlich Speedy's New Union Grocery und befindet sich in der 301 Union Street, Tel. 415-781 6168.

Perry's, wo Brian kellnerte und mehr oder weniger erfolgreich Frauen aufriss, befindet sich in der 1944 Union Street, Tel. 415-922 9022, www.perryssf.com.

The Washbag, mit bürgerlichem Namen **Washington Square Bar & Grill**, wo Anna Madrigal sich zum ersten Mal mit Edgar Halcyon verabredete, ist in der 1707 Powell Street, Tel. 415-982 8123, www.wsbg.ypguides.net – und noch immer ein Ort, wo »man sich so herrlich literarisch gibt, dass es zum Schreien ist!«

Die passende Lektüre für diesen Rahmen ist *Oh the Glory of it All* von Sean Wilsey, eine Lebensgeschichte voll prickelndem Klatsch aus der High Society von San Francisco. Seine Mutter, die Gesellschaftskolumnistin Pat Montandon, taucht in den Tales of the City als **Prue Giroux** auf.

Glibb Memorial, die Kirche, in der Mona Zuflucht sucht, heißt in Wirklichkeit **Glide Memorial Church** und wird von so vielen Obdachlosen, Prominenten und Touristen überrannt, dass der Gottesdienst im Vorraum auf Fernsehbildschirmen übertragen werden muss. Trotzdem immer einen Besuch wert. 330 Ellis Street, Tel. 415-674 6000, www.glide.org.

Beach Blanket Babylon, die Revue, zu der Anna Madrigal Mona Ramsey zur Feier ihres dreijährigen Mietverhältnisses ausführte, läuft und läuft und läuft immer noch in San Francisco. Club Fugazi, 678 Beach Blanket Babylon Boulevard (Green Street), Tel. 415-421 4222, www.beachblanketbabylon.com.

The End Up, der Nachtclub, in dem Michael Mouse den Jockey Shorts Dance Contest gewann, befindet sich in der 401 6th Street, Tel. 415-646 0999, www.theendup.com.

Im **Seal Rock Inn**, dem Motel, wo Anna und Edgar sich treffen und wo Anna den schönen Satz sagt »Siehst du, im richtigen Licht sieht selbst Seehundscheiße gut aus«, kann man auch sehr gut und bis vier Uhr nachmittags frühstücken. 545 Point Lobos Avenue, Tel. 415-752 8000, www.sealrockinn.com.

Der amerikanische Traum, rückwärts geträumt

Innerhalb von drei Monaten hatten wir unsere Zelte in der Schweiz abgebrochen. Haus untervermietet, Krankenkassen um- und Schulen abgemeldet. Zum Nachdenken blieb keine Zeit.

Als die Vorhut, bestehend aus Thomas und Cyril, in San Francisco ankam, war die Wohnung, für die wir immerhin seit drei Monaten Miete zahlten, in ziemlich genau dem Zustand, in dem ich sie besichtigt hatte: staubbedeckt, türlos, unbewohnbar.

Mara brachte eine Luftmatratze herunter und hob entschuldigend die Hände: »Ihr könnt natürlich bei uns oben duschen.« Pause. »Und essen.«

Thomas warf seine »Vater und Sohn entdecken die Neue Welt«-Vision über Bord und zog stattdessen die Handwerkerhose an. Unterstützt und begleitet von einem ununterbrochenen Strom von Phils freien Assoziationen, machte er sich an die Arbeit.

Als Lino und ich zwei Wochen später einreisten, präsentierten sie uns stolz: ein Klo.

Zwei Koffer brachten wir mit, pro Person. Am Flughafenschalter in Kloten wurde unser Gepäck noch pikiert mit »Sie reisen auch nicht gerade leicht« kommentiert, aber für ein Jahr war es wirklich nur das Nötigste.

Nachdem unsere neue Wohnung halbwegs bewohnbar gemacht war, kauften wir billige Futons und Campingmöbel zum Auf- und Zuklappen. Jedes Zimmer erfüllte genau die Funktion, die ihm zugedacht war: Im Esszimmer standen ein Tisch und vier Stühle. Zum Essen. Im Schlafzimmer ein Futon auf dem nackten Boden zum Schlafen, eine Lampe zum Lesen. Im Wohnzimmer ein Sofa, das Thomas auf der Straße gefunden und mit Phils Hilfe die Treppe hochgewuchtet hatte. Auf den etwas schmuddeligen Bezug legten wir ägyptische Schals aus unseren Koffern – in denen sich tatsächlich alles Nötige befand.

Außer unserer Vermieterfamilie im zweiten Stock kannten wir niemanden in der Stadt. Wir waren aufeinander zurückgeworfen; wir waren unsere einzige Gesellschaft. Zu viert erkundeten wir die Stadt, klapperten die fremdländischen Restaurants in der Clement Street ab, aßen vietnamesische Nudelsuppen und koreanische Grillplatten. Wir fanden heraus, was Dim Sum ist und dass wir Hühnerfüße nicht mögen.

Sobald sich der Sommernebel gelichtet hatte, zogen wir, mit einem Picknickkorb bewaffnet, los, in dem sich ein weiteres ägyptisches Tuch befand, das wir ungeniert ausbreiteten, wo immer wir uns befanden. Und bissen in amerikanische Sandwiches – oder was wir dafür hielten. Wir waren stolz auf unsere Sandwiches, die wir mit allem belegten, was der Kühlschrank hergab.

Abends saßen wir manchmal am Tisch und schrieben Briefe. Von Hand.

Und das war gut so.

Weniger ist mehr. Ich atmete auf, in mehr als einer Hinsicht.

Nach und nach spielte sich eine Art Alltag ein. Thomas nahm Aufträge als freier Fotograf an, verreiste, die Kinder besuchten den Kindergarten, die Schule. Ich setzte mich wieder an mein Buch, das ich zu schreiben begonnen hatte. Und ich trank Kaffee mit Phil.

Phil hatte sich als Taxifahrer vorgestellt, als Hausmann, als Theaterautor und als Schauspieler. Das alles war er allerdings hauptsächlich in Gedanken, so wie er auch unsere Wohnung renoviert hatte: theoretisch.

»Gesagt, getan.« Phil nahm dieses Motto ganz wörtlich. Was er ausgesprochen hatte, galt für ihn somit als erledigt.

Er schlief bis mittags, las die Zeitung sehr genau, schnitt sich Artikel aus und legte sie in einen Ordner für »seltsame Dinge«.

Regelmäßig kam er am frühen Nachmittag – in Philwelt war das morgens – die Treppe herunter zu einem neuen Auftritt: der One-Man-Phil-Show.

Denn Phil war eigentlich ein grandioser Komiker – er hatte nur kein Publikum. Mara und die Kinder hörten ihm schon lange nicht mehr zu, die zahlreichen irischen Cousinen verdrehten die Augen, die Taxikunden stiegen aus, und selbst die Obdachlosen, die an der Straßenecke rumhingen, zerstreuten sich, wenn sie Phil kommen sahen.

Doch da war ich, im ersten Stock, mit meiner Tastatur und meinem schwarzen Kaffee, und ich ließ mich gern von der Arbeit abhalten.

Obwohl Phils Publikum oft nur aus einer Person, nämlich mir, bestand, hinderte ihn das nicht daran, mit ganzer Kraft aufzudrehen. Er spielte vor mir wie vor einem vollen Haus. Darin zeigte sich eine ganz besondere Größe, der das Publikum – ich – dann auch gerecht werden wollte. Bis der Kaffee kalt wurde, die Beine müde, bis der Roman von der Tischkante sprang und mit losen Blättern warf, bis die Kinder aus dem Kindergarten und der Schule kamen.

Unser anfangs reduziertes Alltagsleben füllte sich langsam. Jeden Tag erzählte Phil mir eine Geschichte. Von jedem Spaziergang am Meer brachten wir Muscheln mit, die wir auf den Fensterbrettern aufreihten. Bei jedem Ausflug zum Spielplatz lernten wir neue Leute kennen. Wir kauften Bücher. Besuchten Flohmärkte. Bald verlangte ich nach einem Fernseher.

Und da kam mir eines Tages eine Einsicht. Vor dem Fernseher. Cyril und ich sahen uns den schönen Film *Feivel, der Mauswanderer*, Teil 3, an. Und plötzlich wurde mir klar: Ich hatte wieder einmal alles verkehrt gemacht.

Nach Amerika geht man doch, um »es« zu schaffen, um reich und berühmt zu werden, um es besser zu haben, um, wie Feivels von drei Jobs völlig ausgelaugter Papa sagte, VORWÄRTS zu kommen. Vorwärts, aufwärts. Bigger is better, you can do it, give me five.

Amerika ist mehr, wie Lino geduldig seiner Großmutter erklärte, die aus der Schweiz zu Besuch gekommen war, sich willig an die Fisherman's Wharf mit ihren endlosen Reihen von Verkaufsständen führen ließ und dann aber doch nicht einsehen wollte, warum sie ihm ein Jo-Jo kaufen sollte, schließlich hatte er doch schon fünf identische zu Hause.

»Das verstehst du nicht«, sagte Lino gönnerhaft, »das ist eben ›the American way‹: Du kannst nie zu viel von etwas haben.«

Wir hingegen bewegten uns rückwärts, jedenfalls nach amerikanischen Maßstäben. Der Umzug nach San Francisco bedeutete radikales Downsizing in jeder Hinsicht: weniger Arbeit, weniger Geld, weniger Termine, weniger

Platz, weniger Anrufe, weniger Stress, kurz, das genaue Gegenteil des üblichen Auswandererschicksals. Wir waren nicht hier, um mehr Möglichkeiten zu haben, sondern weniger. Oder andere?

Lino besuchte die Grundschule gleich am Ende an der Straße, was sehr praktisch war, weil es für zweihundert Schüler nur ein Klo gab, und das war meist kaputt. In der öffentlichen Schule in Zürich hatte Lino Schwimmunterricht im eigenen Hallenbad gehabt, wo es Duschen und Umkleidekabinen gab, nach Geschlechtern getrennt. Turnen in der Turnhalle, mit wieder eigenen Duschen und Umkleidekabinen. Hier in San Francisco bestand der Turnunterricht aus zwanzig Minuten Ball abgeben im Kreis, die Lehrerin in ihren schief getretenen Pumps in der Mitte. Der Auswanderertraum von der besseren Schulbildung, von besseren Chancen im Land der unbegrenzten Möglichkeiten bestätigte sich erst einmal nicht.

Und ebensowenig entsprach das Klischee von der gewaltgeschüttelten amerikanischen Großstadt der Realität.

»Was vermisst du denn am meisten?«, fragte eine wohlmeinende Besucherin aus der Schweiz, eine ehemalige Lehrerin.

»Die Friedenskämpfe auf dem Pausenplatz«, seufzte Lino nostalgisch. Friedenskämpfe – ein widersprüchliches Konzept, das wohl nur Jungen einleuchtet – sind Schlägereien, die nicht aus Feindschaft entstehen, sondern einfach aus Spaß am Raufen. Von den entnervten Schweizer Lehrern wurden sie mit resigniertem Kopfschütteln und »Versucht doch mal, eure Gefühle zu verbalisieren« kommentiert.

In der amerikanischen Schule kam es gar nicht so weit: Schon die kleinsten Auseinandersetzungen wurden von der

Lehrerin unterbunden, und die Kinder gehorchten. Die zwanzig Jungen und sieben Mädchen in seiner Klasse (alle, außer einem Mädchen, nicht in Amerika geboren) waren zu Linos Frustration außerordentlich brav, angepasst und bestrebt, es im fremden Land recht zu machen – und Lino langweilte sich sehr. Seine Freiheit war im Land der Freien ernsthaft beschnitten worden.

Meine manchmal auch.

Jeden Mittwoch leistete ich meinen »Arbeitstag« im alternativen Kindergarten, den Cyril besuchte. Der Kindergarten war eine Kooperative, die »child-centered« arbeitete. Das heißt, die Kinder verbrachten ihre Tage in größtmöglicher Freiheit, gestützt von einer unglaublich komplexen Theorie, die von erfahrenen und gelassenen Kindergärtnern (die, ich möchte schwören, kurz vor dem morgendlichen Kindergartenbeginn zusammen einen Joint rauchten) und etwas gestressten Müttern, Au-pair-Mädchen und seltener Vätern getragen wurde. Alle waren sie nächtelang aufgeblieben, um das dreißig Seiten dicke Regelwerk auswendig zu lernen. Bei Dienstantritt wurde einem der Dienstplan, der in Plastik eingeschweißt war, mit einer Sicherheitsnadel an die Brust geheftet, damit man ihn jede Minute in Sichtweite hatte. Denn auf die Minute kam es an.

8 Uhr 55: Kaffeepause – koffeinhaltige Getränke müssen von außerhalb mitgebracht werden.

9 Uhr 05: Kaffeebecher ins Spülbecken stellen und ausspülen.

9 Uhr 10: Ablösung im Roten Zimmer.

Und so weiter.

Von alldem merkten die Kinder nichts, die nackt durch den Garten rannten und sich von der Mutter mit der Einsatzkarte B die Zehennägel lackieren ließen.

Der Kindergarten war politisch korrekt und rassen- und klassenmäßig gut durchmischt. Die Feiertage und Gebräuche sämtlicher anwesender Kulturen und Religionen wurden respektiert. Nur nicht der schweizerische Brauch des Samichlaus, der am 6. Dezember die Kinder zu Hause aufsucht, aus einem dicken Buch ihre Verfehlungen vorliest und ihnen droht, sie in den Sack zu stecken und in den Wald zu verschleppen, wenn sie sich nicht mit einem kleinen Lied oder Gedicht entschuldigen.

»Das klingt doch etwas … brachial«, sagten die amerikanischen Betreuer vorsichtig und mit unbestimmt enttäuschtem Blick. So etwas hatten sie von Heidiland nicht erwartet.

Also kein Samichlaus in der Kooperative, dafür wollte ich mit den Kindern Schokoladenkekse backen. Grobe Regelverletzung wurde mir dann vorgeworfen: »Milena, hast du denn unser Buch nicht gelesen? Wir versuchen hier, Junkfood zu vermeiden.« Ich konnte dem nur mit einem empörten »Hört mal, Schokolade ist ein wichtiger Bestandteil der Schweizer Kultur!« begegnen. Und ging mit der Einsatzkarte C in den Hof.

Dort setzten sich gerade zwei etwa vierjährige Mädchen artig auseinander:

»Ich fühle mich einfach ausgeschlossen!«

»Das tut mir leid, Liebes, wirklich, aber das kann ich nicht auf mich nehmen.«

»Können wir nicht wenigstens darüber reden?«

Ein Vater kam dazu und ging in die Knie, um nach dem Grund des Streits zu fragen. »Bitte helft mir, zu verstehen, was hier vor sich geht.«

Ich wich einen Schritt zurück. Spinnen sie also doch, die Amerikaner? Gehörten die Kinder einer Sekte an? War der

Vater einer dieser Fernsehprediger, die einen dazu bringen, die Hand zum Gebet auf den Bildschirm zu legen?

Ich schaute mich um. Die anderen Erwachsenen fanden dieses Verhalten nicht befremdlich, da wurde mir klar, dass ich meine sozialen Raster verloren hatte. Ich konnte die Menschen, die mir begegneten, nicht mehr automatisch einordnen: nach ihrem Verhalten, ihrer Sprache, den Ausdrücken, die sie benutzen, nach ihren Schuhen, Frisuren, Berufen. Die Codes, auf die ich mich so lange verlassen hatte, dass ich gar nicht mehr über sie nachdachte, griffen hier nicht, auch nicht das Vorsortierprogramm, das in Zürich ganz automatisch abgelaufen war.

Ich musste jeder neuen Bekanntschaft erst einmal vorurteilsfrei begegnen, ich musste aus dem Moment heraus entscheiden, ob ich diese Person mochte oder nicht, ob ich »Let's have lunch« sagen sollte oder nicht, ohne mich auf Äußerlichkeiten wie weiße Socken und Wandersandalen zu stützen.

Und das galt ja auch umgekehrt: In San Francisco war ich erst einmal niemand. Das war es, was ich hier »geschafft« hatte: nicht jemand, sondern niemand zu sein. Beziehungsweise nur die, die ich in diesem Augenblick gerade war, auf dem Spielplatz, im Waschsalon, am Elternabend, auf dem Filmfestival, in der irischen Bar, die praktischerweise gleich neben dem Waschsalon lag UND das allgemeine Rauchverbot ignorierte. Ich war immer nur die, die an diesem Tag aufgestanden war und sich der Welt stellte, gut gelaunt oder ungekämmt oder wortkarg – und nicht immer auch noch »Ach, die!«.

Das konnte Phil nicht verstehen. Eines Morgen-Nachmittags kam er so schlecht gelaunt die Treppe herunter, dass sogar aus seinen Schritten Vorwurf dröhnte. Und Kaffee hatte er auch keinen mitgebracht.

»Gestern hatte ich zwei junge Schweizerinnen im Taxi«, begann er. Pause. »Ich habe sie gefragt, ob ihnen dein Name etwas sagt.« Wieder Pause – die Art Pause, die Eltern einlegen, um Einsicht und Reue in letzter Minute noch eine Chance zu geben. Was hatte ich falsch gemacht? War ich vielleicht gar nicht Milena Moser?

»Und – und??? Was???« Phil ereiferte sich. »Was passiert? Sie sagen: ›Ja! Ja, kennen wir, Schriftstellerin.‹«

Ich verstand immer noch nicht.

Phil wurde laut: »Alles, was du mir erzählt hast, ist wahr!«

Das wurde mir allerdings nur selten vorgeworfen.

Phil beruhigte sich ein bisschen. Jetzt klang er nur noch enttäuscht. »Warum auswandern, wenn nicht, um sich selbst neu zu erfinden? Mädchen, wirklich!«

Darauf wusste ich nichts zu sagen.

Normalerweise hatte ich keine Mühe, etwas zu erfinden. Warum nicht mich? Vielleicht brauchte ich mich gar nicht neu erfinden? Aber das hieße ja, dass ich eigentlich ganz o. k. im Hier und Jetzt war … ein radikales Konzept.

»Wenn du die Wahrheit sagen willst, kannst du ja gleich zu Hause bleiben.«

War ich wirklich so zufrieden mit mir und meiner Gegenwart? Und wenn ja, warum hatte ich auswandern wollen? Warum auswandern, wenn nicht, um sich selbst neu zu erfinden?

Der Verlust der vertrauten Eckpfeiler und Orientierungshilfen wirft einen auf sich selbst zurück. Jeder Tag, jeder Gang zum Laden, zum Spielplatz, in den Dschungel der Fernsehkanäle ist ein neues Abenteuer. Zu bestehen nur dank dem, was man schon ist. Auf unerwartete Art greift man in der Fremde auf das Vertraute zurück.

Tatsächlich fühlte ich mich immer europäischer, nein, schweizerischer, je länger ich in Amerika lebte. Ich ertappte mich dabei, wie ich auf die Uhr blickte, wenn eine Freundin eine halbe Stunde zu spät kam. Ich nahm es wörtlich, wenn man mich zum Mittagessen einlud – »Let's have lunch« war keine Floskel für mich. Ich zahlte meine Rechnungen und meine Steuern überpünktlich, manchmal sicherheitshalber sogar zweimal. Ich führte Listen, ich kehrte den Fußboden mit dem Besen, bevor ich ihn feucht aufwischte, kurz: Ich benahm mich wie eine Bilderbuch-Schweizerin. Ich erfüllte jedes Klischee. Sogar Fondue aß ich hier. Als ich noch in der Schweiz lebte, lehnte ich den geschmolzenen Käse mit gerümpfter Nase ab.

Überhaupt empfand ich mich früher nie als Schweizerin im eigentlichen Sinn – was bestimmt zum Teil auf das frühkindliche Trauma des Aufwachsens mit einem deutschen Vater zurückzuführen ist: Wer »Butter« sagt, statt »Anken«, kann ja keine »richtige« Schweizerin sein!

Das Gefühl, fremd zu sein, nicht dazuzugehören, führte zur trotzigen Nicht-Identifikation, die ich allerdings mit vielen »richtigen« Schweizern teile.

Hier in San Francisco war ich fremd im wörtlichen Sinn. Deutlich weniger schmerzhaft fremd als in der Heimat, wo es ja keine Entschuldigung dafür gibt, etwas nicht zu wissen, nicht mitzumachen und nicht zu verstehen.

Das ist befreiend, aber auch irritierend. Wer bin ich, wenn ich mich nicht entgegen der herrschenden Norm definiere? Die vertrauten Reibungsflächen fehlten in San Francisco: Alles ist möglich. Alles geht.

Die dadurch entstandenen Nischen füllte ich nicht mit

einer neuen Erfindung meiner selbst, sondern mit der alten. Ich bin also eigentlich ganz dieselbe, nur atme ich freier. Habe mehr Platz. Mehr Luft.

Phils Wut war verflogen. »Tja, wenigstens kann ich dann mal eine Bronzetafel am Wandschrank anbringen: ›Hier schrieb Milena Moser, bekannte schwedische Autorin.‹« Augenzwinkern.

In Zürich hatte ich ein schickes Büro im Bahnhofsgebäude von Oerlikon gehabt, komplett mit vorbeiratternden Zügen, Visionen von weiter Welt gleich unter dem Fenster.

In San Francisco hatte ich einen Wandschrank im Flur, der immerhin über eine von der Decke baumelnde Glühbirne und ein winziges Fenster zum Abfallschacht hin verfügte, mit einer Tür, die sich, wie alle Türen in der Wohnung, nicht schließen ließ. Und einem Klapptisch.

»Interessant«, sagte Phil. »Normalerweise zieht man ja nach San Francisco, um ›out of the closet‹, aus dem Wandschrank, zu kommen.«

Was soll ich sagen, ich mache eben alles verkehrt herum.

Im **Columbarium** der **Neptune Society** werden Urnen aufbewahrt und zum Teil ausgestellt, z. B. in Form eines Keramik-Footballs, einer Keksdose, eines Totenkopfes. 1 Loraine Court, Tel. 415-752 7891.

Das frisch renovierte, prächtige **Balboa Theatre** bietet Independent-Filme in Doppelvorstellungen zum halben Preis an, ebenso wie Popcorn in übergroßen Tüten und vier verschiedenen Geschmacksrichtungen. Nasenklemme mitbringen. 3630 Balboa Street, Tel. 415-221 8184, www.balboamovies.com.

An der Clement Street befindet sich der berühmte **Green Apple Bookstore**, ein unerschöpfliches Modernes Antiquariat in dem laut (urbaner?) Legende eine Kundin in einem Kochbuch einen handgeschriebenen Brief von Jack Kerouac gefunden haben soll. 506 und 520 Clement Street, Tel. 415-387 2272, www.greenapplebooks.com.

Gleich gegenüber im **Blue Danube Coffee House** lässt sich gut lesen, was man gekauft hat. Hier trifft sich auch die lokale Abteilung der Novemberroman-Schriftsteller zum sogenannten Write-in beim National Novel Writing Month (www.nanowrimo.org). 306 Clement Street, Tel. 415-221 9041.

In den Avenues kann man sich durch sämtliche Kontinente essen, z. B. bei **Bill's Place**, einem anständigen Hamburger-Laden alter Schule, wo Bill selbst noch manchmal an der Theke sitzt und Geschichten erzählt – es ist der alternde Biker mit grauem Pferdeschwanz. 2315 Clement Street, Tel. 415-221 5262, www.billsplaceqpg.com. Oder beim **Brother's Korean Restaurant**, das wie die meisten koreanischen Restaurants einen in der Tischplatte versenkten Grill hat und wo man zu später Stunde noch etwas zu essen kriegt – San Francisco, die Stadt die früh schlafen geht … Nur besuchen, wenn man danach die Gelegenheit hat, Kleider und Haare zu waschen! 4128 Geary Boulevard, Tel. 415-3877991 · Der **Shanghai Dumpling Shop** ist ein schmuckloses und hektisches chinesisches Restaurant, das immer überfüllt ist. Was sich beim ersten Bissen sofort erklärt. 3319 Balboa Street, Tel. 415-3872088 · **Louis'**, ein altmodischer amerikanischer Diner mit der üblichen schweren Kost, hat die schönste Aussicht der Welt. 902 Point Lobos Avenue, Tel. 415-3876330 · **The Bitter End** ist die Bar mit dem richtigen Namen. Alles andere stimmt auch. 441 Clement Street, Tel. 415-2219538.

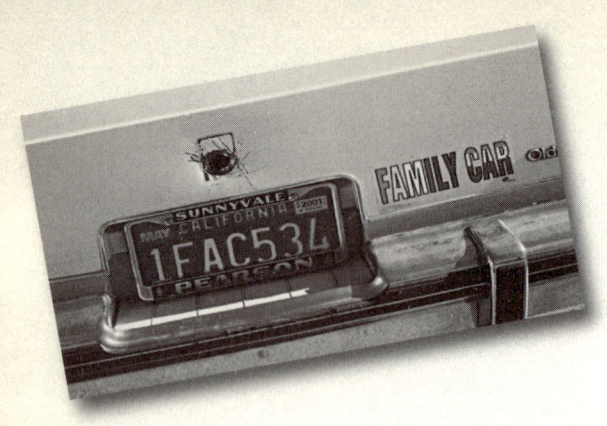

IN THE STREETS
OF SAN FRANCISCO

»careful now. We're dealing here with a myth. This city is a point upon a map of fog. (...) Like us, it doesn't quite exist.«

Ambrose Bierce

Der Castro District oder Die Diskriminierung der Farbe Türkis

Die »schwulsten vier Ecken der Welt« sind eine Touristenattraktion, wie sie nur San Francisco zu bieten hat. Es handelt sich um die Kreuzung der 18th Street mit der Castro Street, die dem Viertel den Namen gibt. Das Herz des schwulen San Francisco, ein Pilgerort für GLBT-Touristen und Bibelschleuderer gleichermaßen, sieht auf den ersten Blick ganz normal aus: ein Walgreens auf der einen, ein Starbucks auf der anderen Seite. Ein nettes Restaurant, ein Laden, Passanten, Polizisten, Kinderwagen, Hunde. Sieht so Sodom und Gomorrha aus? Immerhin gibt es im Walgreens gleich stapelweise Regenbogenaufkleber zu kaufen.

Der Regenbogen, der ursprünglich einfach für Toleranz stand, bedeutet heute Solidarität mit der schwul-lesbisch-transgeschlechtlichen Gemeinde. Oder Zugehörigkeit dazu. Jeder muss so einen Aufkleber haben, ließ ich mich belehren, damit die Schwulenhasser nicht wissen können, wem sie die Autoscheiben einschlagen. Denn, so ließ ich mir weiter sagen, Autos mit Regenbogenaufklebern wurden immer noch die Scheiben eingeschlagen. Der Kampf war bisher nicht gewonnen.

Also kaufte ich einen Aufkleber, auf dem in dicken, regenbogengestreiften Buchstaben »Family Car« stand.

Klebte ihn auf die Stoßstange unseres weißen Schiffes, unter den »Veteran of Foreign Wars«-Aufkleber des Vorbesitzers.

San Francisco wurde nicht erst von »Governator« Schwarzenegger zum Tummelplatz der »girlie men« erklärt. Schon in den legendären Vergnügungsvierteln der Goldgräberzeit kannte man keine Diskriminierung. In den berühmt-berüchtigten Bordellen von Barbary Coast konnte jeder sexuellen Neigung nachgegangen werden. Das Erdbeben von 1906 wurde dann auch von erzürnten Predigern als Strafe für die überall vorherrschende »Gottlosigkeit der Sodomisten« interpretiert.

In den dreißiger und vierziger Jahren des zwanzigsten Jahrhunderts deponierte die Armee ihre »unehrenhaft« entlassenen Soldaten in diesem Hafen, in dem diese aus Angst vor der Rückkehr ins sogenannte Herzland meist gleich wohnen blieben. Zeitgleich zogen viele der Einwandererfamilien aus Deutschland, Irland und Skandinavien aus dem Castro District, der damals noch Eureka Valley hieß, in die Vorstädte. Ihre großzügigen viktorianischen Häuser standen leer, als hätten sie nur auf diese Männer gewartet, die sie so liebevoll und farbenfroh restaurierten, dass der Ausdruck »painted ladies« bald sowohl für die Häuser als auch für deren Besitzer zu kursieren begann.

Die siebziger Jahre mit ihrer Bäderkultur, wie der »swinging lifestyle« damals beschönigend umschrieben wurde, festigten das Bild von San Francisco als Sündenbabel oder Paradies, je nach Veranlagung.

Hier lebte und arbeitete Harvey Milk, der erste offen schwule Stadtrat von San Francisco. (Vor ihm hatte 1961 José Sarria kandidiert und immerhin fünftausendsechshundert Stimmen erhalten. In Frauenkleidern.) Milk war einst mit dem *Hair*-Ensemble nach San Francisco gekommen und geblieben. In der Castro Street führte er ein Geschäft für Fotobedarf. Seine Wahl war Ausdruck der herrschenden Hochstimmung, in der die neu gewonnene sexuelle Freiheit zelebriert wurde. Badehäuser und Bars hatten Hochkonjunktur, und Homosexualität wurde nicht mehr länger als Geisteskrankheit definiert. Harvey Milk war ein Symbol für diese neue Gleichberechtigung. Im Stadtrat brachte Milk nicht nur die Anliegen der Homosexuellen vor, sondern setzte auch das Pooper-Scooper-Gesetz durch, das das Entsorgen von Hundekot regelt.

Doch die Hochstimmung hielt nicht lange an. 1978 wurde Milk von seinem Kollegen Dan White erschossen, der mit der Ausrede, er habe zu viel Zucker gegessen, der berüchtigten Twinkie-Defense, um eine Mordanklage herumkam. Das milde Urteil löste die White Night Riots aus. Und wenige Jahre später hielt Aids im Castro District Einzug.

»Es war wie im *Zauberer von Oz*«, erinnert sich Aids-Aktivist Eric Rofes. »Das Haus fiel auf uns drauf.« Innerhalb weniger Jahre raffte die Krankheit eine ganze Bevölkerungsschicht dahin. Die Todesanzeigen nahmen täglich mehrere Zeitungsseiten ein. Doch das Viertel rückte zusammen. Viele stellten sich als freiwillige Pflegekraft zur Verfügung. Auch die lesbische Gemeinde sprang ein und über den traditionellen Graben zwischen den Geschlechtern.

Es wäre nicht San Francisco gewesen, wenn die Unterstützung nicht auch spielerische Formen angenommen hätte. So sind 1979 die Sisters of Perpetual Indulgence entstanden, eine Gruppe als Nonnen verkleideter Aids-

Aktivisten, die als Erste in den Badehäusern Kondome und Pamphlete verteilten. Sie sind heute noch aktiv und sehen besser aus denn je.

»Wir haben es uns zur Aufgabe gemacht, die Schuldgefühle zu verjagen und universelle Freude zu verbreiten!« Zum Beispiel, indem sie immer am Ostermontag den »heißesten Jesus« wählen …

Heute sind die Grenzen zwischen homo und hetero wieder weniger deutlich. Der Status »schwulste Stadt der Welt« ist dem Straßenbild nicht anzumerken. Gleichgeschlechtliche machen rund dreißig Prozent der Bevölkerung aus, und trotzdem ist der Anteil an gut gekleideten Männern eher niedriger als anderswo. Traditionelle Familien ziehen vermehrt in die großzügigen viktorianischen Wohnungen im Castro District, nicht nur zur Freude der alteingesessenen Heterosexuellen, die all die Jahre um ihre Identität gefürchtet hatten. Auch die Homosexuellen begrüßen die Durchmischung und versuchen den Neuzugezogenen dieselbe Toleranz entgegenzubringen, die sie sich wünschen – die Toleranz für ihren alternativen Lebensstil.

»Was ist eigentlich so alternativ am alternativen Lebensstil?«, fragte der Kolumnist Jon Carroll im *San Francisco Chronicle* nicht zu Unrecht. Und beschrieb die gleichgeschlechtlichen Paare in seiner Straße, die Kinder adoptierten, Häuser kauften, ein zweites Auto, zu Ballspielen und Musikstunden, zu Schulveranstaltungen und zum Zelten fuhren und sich mit Rechnungen abplagten. Genau wie alle anderen Familien in der Straße auch. Was bitte ist daran »alternativ«?

Nichts, das bestätigte auch ein anderer Autor mit dem neutralen Namen Pat Califia, der vor seiner Frau-zu-Mann-Geschlechtsumwandlung eine Sexberatungskolumne für ein Lesbenmagazin geschrieben hatte. Die ihm nach der Operation wenig überraschend entzogen, doch später, auf ausdrücklichen Wunsch der Leserinnen, zurückgegeben wurde. Dieser Pat hat mit einem anderen als Frau geborenen Mann eine Familie gegründet. Zusammen ziehen sie einen Sohn auf, einen Jungen, der im Bauch einer Frau herangewachsen war, die als Mann lebte.

Das alles ist selbst für hiesige Begriffe ein bisschen verwirrend, doch nicht so Pats Essay über die Elternschaft, in dem er einmal treffend den Schmerz beschrieben hatte, der von Legosteinen unter bloßen Fußsohlen hervorgerufen wird.

»Wie hat das Familienleben dich verändert?«, wurde er gefragt, als sein Sohn zehn Monate alt war.

Antwort: »Ich bin immer müde.«

Und Eltern überall nickten verständnisinnig dazu.

»Wie, ihr habt gerade geheiratet?« Cyril schaute von Jeff zu Jim und wieder zurück. Er kannte die beiden seit Jahren, hatte sie immer zusammen gesehen, an Abendessen und Festen wie diesem. Hatte er sie trotzdem nicht als Paar wahrgenommen?

Unser Nachbar Steiner hatte zur Hochzeitsfeier geladen. Jeff und Jim hatten an der legendären Massentrauung in der City Hall am 12. Februar 2004 teilgenommen, spontan.

»Wir kamen frühmorgens von einer Party und sahen die Schlange vor der City Hall.«

Am Vortag hatte der Bürgermeister Gavin Newsom verkündet, er würde legale Eheurkunden an gleichgeschlechtliche Paare ausstellen. Kein Partnerschaftsabkommen, nein, ein ganz normaler Ehevertrag. Die Nachricht verbreitete sich wie ein Lauffeuer.

»Wir schauten uns nur an – sollen wir? Na klar!«

»Wir sind nicht mal zum Umziehen nach Hause gegangen – die Hochzeitsfotos seht ihr euch besser gar nicht erst an!«

Es war ein außergewöhnlich kalter, regnerischer Februar. Die Bilder gingen um die Welt: Paare mit Schirmen, Wolldecken, Klappstühlen. Paare mit Kindern, mit Verwandten. Spontane Aktionen der Solidarität, fünftausend Blumensträuße aus dem konservativen Herzland, mit Karten, auf denen zum Beispiel »Beste Wünsche für eine lange, glückliche Ehe! Betty und Bill aus Kansas« stand. Freiwillige, die Mahlzeiten verteilten oder den Platz in der Schlange hüteten, damit die Heiratswilligen eines der hastig hergeschafften Container-Klos aufsuchen konnten.

Als gegen Abend ausgerufen wurde, wie viele Paare an diesem Tag noch drankommen würden, organisierte sich die Schlange neu. Paare mit Kindern wurden vorgelassen, auch Paare, die von weit her angereist waren oder nicht aussahen, als würden sie noch einen Tag im strömenden Regen durchstehen.

Jeff und Jim, die eineinhalb Tage im Regen warteten, bis sie endlich, nass bis auf die Knochen, in einem überfüllten Treppenhaus in der City Hall vor dem Standesbeamten standen, waren seit bald dreißig Jahren ein Paar. Sie hatten sich in den goldenen siebziger Jahren bei einem Tanztee kennengelernt und seither nicht mehr aus den Augen gelassen – »Er kam mit mir nach Hause, und als er am nächsten Morgen gehen wollte, ging ich einfach mit ihm mit. Zuerst bis zur Bushaltestelle und dann einfach immer weiter.«

Sie hatten sich bereits einmal eher zum Spaß auf einer Party trauen und sich Jahre später als »domestic partners« registrieren lassen.

Warum jetzt noch einmal?

Weil es eine richtige Hochzeit war.

Und darauf wird in Amerika Wert gelegt. Beim Heiraten kennen die Amerikaner, ungeachtet ihrer Herkunft, Religion oder sexuellen Präferenz, nichts.

Jeff und Jim wollten, wie so viele andere, Teil dieses amerikanischen Traumes sein. Sie wollten »the real thing«.

Jeff und Jim standen in Steiners Küche und arrangierten Sushi auf flachen Tellern. Am Kühlschrank hing ihr offizielles Hochzeitsfoto, ein schlechter Ausdruck eines Handy-Schnappschusses, das Blitzlicht reflektierte die goldene Kuppel, und keiner von beiden kam auf dem Bild seiner alltäglichen Eleganz auch nur annähernd nahe. Mit regennassen Haaren grinsten sie in die Kamera wie zwei Buben, denen ein Streich gelungen war.

Steiner öffnete den Champagner, die Frischverheirateten zeigten ihre Ringe vor, wie man es in Amerika eben so macht, ungeniert Größe und Schwere, Material und materiellen Wert diskutierend.

»Ihr seid verheiratet? Und warum sagt mir das niemand?« Cyril war empört. Er rannte aus der Küche und über die Steiner'sche Veranda in unsere Wohnung hinüber.

Sollte ich ihm nachgehen? Musste ich ihm etwas erklären? Ich hatte immer geglaubt, einer der Vorteile des Aufwachsens in dieser Stadt bestünde in der natürlichen Vertrautheit mit den verschiedenen Kulturen, Religionen und Familienformen. Konnte ich mich so getäuscht haben?

Jeff und Jim wechselten einen Blick, zuckten mit den Schultern.

Nach fünf Minuten stand Cyril wieder da. Er hatte sich in seinen schwarzen Polyesteranzug geworfen, den wir ihm für eine Schulaufführung hatten kaufen müssen. Dazu trug er ein nicht ganz sauberes weißes Hemd, das vorn aus der Hose hing. Die Haare hatte er streng mit Wasser zurückgekämmt.

Er baute sich vor Jeff und Jim auf, breitete die Arme aus und rief: »Herzlichen Glückwunsch zur Hochzeit!« Dann umarmte er sie gleichzeitig, was einfach war, weil beide Männer ziemlich dünn waren.

Jeff hatte Tränen in den Augen. »Siehst du? Dieses Mal ist es einfach anders«, sagte er. »Dieses Mal zählt es.«

Die Autoscheibe wurde übrigens nicht eingeschlagen. Dafür wies mich eine Hüterin der politischen Korrektheit darauf hin, dass auch dieses Zeichen der Solidarität in Wirklichkeit diskriminierend sei. Weil die offizielle Regenbogenfahne nur sechs Farben habe statt wie ein echter Regenbogen sieben: Diskriminierung der siebten Farbe. Einer Art Türkis.

»Hast du etwa etwas gegen Türkis?«, fragte sie, die Arme drohend in die Seite gestemmt.

So was passiert einem nur in San Francisco. »Only in San Francisco!« heißt der halb stolze, halb entnervte Stoßseufzer der Bewohner.

»Only in San Francisco«: Ich lag im Ruheraum des Frauenbades Osento, das sich in einer viktorianischen Wohnung befindet. Die Rezeption im Flur, der Ruheraum im Wohnzimmer, im Garten zwei Weinfässer, die als Saunen dienen und in denen man für mein Befinden etwas zu eng sitzt, schwitzende Schenkel an schwitzende Schenkel.

Ich wickelte mich also schamhaft in ein Leintuch und legte mich auf eine der asketischen Reisfasermatten auf dem Boden des Ruheraums. Zu Lesen gab es nur politische Pamphlete. Ich schloss die Augen.

Im Vorraum hörte ich die Rezeptionistin mit einer Kundin diskutieren. Ob sie eine Petition unterschreiben würde. Es ging um die Frage, ob präoperative Mann-zu-Frau-Transsexuelle in diesem Bad willkommen sein sollten oder nicht.

Ich spitzte die Ohren: Hä? Zum Glück wiederholte die Rezeptionistin die Frage mehrmals, bis auch ich verstand, was sie meinte.

Und die Kundin antwortete nach einer kurzen Bedenkzeit: »Ach, weißt du, das ist eine schwierige Frage. Als nicht-butch Lederlesbe mit starkem Bezug zur BDSM-Szene kenne ich die Vorurteile der GLBT-Gemeinde aus eigener Erfahrung. Ich bin die Letzte, die diskriminiert, und ich möchte wirklich nicht engstirnig sein, aber mal ganz ehrlich, ich komme ja nicht hierher, um Pimmel zu sehen.«

Ich öffnete die Augen und versuchte, um die japanische Stellwand herumzuschielen – wie sah jemand aus, der aus so vielen Buchstaben bestand?

Abkürzungen:

ASAP – as soon as possible
AWOL – absent without leave
BLT – bacon, lettuce, tomatoe (ein Sandwich)
GLBT – gay, lesbian, bisexual, transgender
MTF, FTM – male to female, female to male
BDSM – bondage, discipline, sadomasochism
TEOTWAWKI – the end of the world as we know it

Muss das schön sein, so genau zu wissen, wer man ist, dachte ich. Und sogar eine Bezeichnung dafür zu haben. Ich wünschte, ich hätte auch ein Etikett für mich!

Denn einfach Neben-den-Schuhen-stehen macht einen noch nicht zur diskriminierten Minderheit. Für Sich-irgendwie-fremd-fühlen gibt es kein Zwölf-Schritte-Programm und keine Selbsthilfegruppe, und »Bin ich die Einzige, die hier nicht mitkommt?« kann nicht mit Geheimsignalen ausgedrückt werden, mit einem Ohrring auf der linken Seite oder einem rot karierten Tuch in der Jeanstasche. Vielleicht, weil im Grunde jeder zu dieser »Gemeinde« gehört? Wenigstens manchmal?

Die siebte Farbe, dachte ich. Vielleicht steht sie genau dafür. Türkis für Bananenfüße.

Ich schloss die Augen und drehte mich zur Wand. Bevor ich noch einen Plan zur Wiedereinführung des siebten Farbstreifens aushecken konnte, war ich eingeschlafen.

Abstecher: Regenbogenstadt

Cruisin' the Castro: Geführte Touren jeden Samstagmorgen um zehn Uhr. Tel. 415-255 1821, www.cruisin thecastro.com.
Im **Castro Theatre** ist jede Filmvorführung ein Happening. Vor jeder Vorstellung schwebt eine Orgel aus der Versenkung hervor, und statt mit Werbefilmen wird man mit Livemusik unterhalten. 429 Castro Street, Tel. 415-621 6120, www.thecastrotheatre.com.
Was man in **Cliff's Variety Store** nicht kaufen kann, exis-

tiert schlicht nicht. 479 Castro Street, Tel. 415-431 5365, www.cliffsvariety.com.

Wer zur Unzeit Hunger hat, kann den im Vierundzwanzig-Stunden-Diner **Orphan Andy's** stillen, wo es auch morgens um vier Uhr noch Frühstück gibt, aber, wie europäische Gäste schockiert feststellen mussten, keinen Alkohol. 3991 17th Street, Tel. 415-864 9795.

An den Laden von **Harvey Milk**, den **Castro Camera Store**, erinnert eine Messingtafel in der 575 Castro Street.

The Lexington Club ist die einzige reine Lesbenbar der Stadt, über die wilde Gerüchte kursieren (»Jungfrauen auf dem Flipperkasten verführt!«), die in der freundlichen, unprätentiösen Atmosphäre nicht wirklich eingelöst werden. 3464 19th Street, Tel. 415-863 2052, www.lexingtonclub.com.

Das **Wild Side West** hingegen ist eine gemütliche Lesbenbar, der man das nicht anmerkt, da sie so gemütlich ist, dass die ganze Nachbarschaft da herumhängt, im Winter und Sommer vor dem Kaminfeuer, im Herbst im schönen Biergarten. 424 Cortland Avenue, Tel. 415-647 3099.

Das **Osento Bathhouse for Women** ist täglich von ein Uhr nachmittags bis ein Uhr nachts geöffnet, letzter Einlass um Mitternacht. 955 Valencia Street, Tel. 415-282 6333, www.osento.com.

Ins **Asia SF** geht man definitiv nicht wegen des Essens, sondern wegen der schönen Kellnerinnen, die auf den langen Laufsteg klettern und die Gäste singender- und tanzenderweise unterhalten. Wie alle schönen Frauen in San Francisco sind auch diese in Wirklichkeit verkleidete Herren. 201 9th Street, Tel. 415-255 2742, www.asiasf.com.

Der Mission District ist auch nicht mehr das, was er einmal war

Das Telefon klingelte den ganzen Morgen lang.

»Wo genau findet die Geburtstagsparty statt? Werden Erwachsene anwesend sein? Bleiben die Kids in der Wohnung, oder besteht die Möglichkeit, dass sie diese verlassen und nach draußen gehen? Sich auf der Straße aufhalten? Welche Straße ist es noch mal? York Street, right?«

York Street, right. Das war unsere neue Adresse.

Als das Jahr, das wir uns sozusagen freigenommen hatten, zu Ende ging, der Mietvertrag mit Phil und Mara auslief, wechselten wir einen langen Blick. Und jetzt? Zurück in die Schweiz?

N… (Never say never!) Noch nicht!

Wir machten uns auf und besichtigten Häuser. In Amerika, so hatten wir uns sagen lassen, kauft man Häuser, man mietet sie nicht. Unabhängig davon, ob man genug Geld hat oder ob man in dem Haus auch länger wohnen bleiben will. Der Internetboom hatte die Immobilienpreise in absurde Höhen getrieben, jeden Monat konnte man hunderttausend Dollar mehr drauflegen, und außerdem – hätten wir am liebsten zwei Wohnungen gehabt. Wie schauten uns also Häuser an, die mit zwei Wohnungen übereinander anboten wurden.

Nachdem wir dreimal hintereinander gegen fünfunddreißig andere potenzielle Käufer geboten und verloren hatten – Käufer, die zehn bis fünfzehn Jahre jünger waren als wir und denen die Hose um die Hüften schlotterte – und einmal von den Noch-Mietern einer Wohnung mit Flugblättern begrüßt wurden (»Bitte kauft dieses Haus nicht, es ist unser Zuhause, mein Mann ist arbeitslos, und unsere Tochter hat Leukämie!«), gaben wir auf.

»Warum zieht ihr nicht zu uns?«, fragte der Steiner bei einem Abendessen.

Und das taten wir dann auch.

Der Steiner, mit Vornamen Urs Leonhardt, stammte aus der Schweiz, aus Chur, um genau zu sein. Der Dirigent und Komponist lebte seit über zwanzig Jahren in San Francisco, mit seiner amerikanischen Frau Kate und einem stetig an- und abschwellenden Strom von Besuchern, Freunden und Verwandten, Ratsuchenden, Gestrandeten und deren Kindern. Eine gemeinsame Bekannte hatte ihm unsere erste Adresse gegeben. »Schau doch mal nach, ob die in San Francisco zurechtkommen.«

Eines Tages hatte er dann einen Zettel an unsere Tür geheftet, unterschrieben mit »Urs und Kate«. Er hatte genug Erfahrung mit neu zugezogenen Schweizern, um zu wissen, wie wir seine Nachricht lesen würden: »Schweizer kennenlernen? Hier? Nicht wirklich.«

»Aber schau doch, seine Frau heißt Kate.«

»Du, ich glaube, die ist Amerikanerin.«

Und so riefen wir an. Der Steiner kam gleich zum Kaffee vorbei. Am nächsten Tag trat Thomas zur Chorprobe an. Denn der Steiner leitete einen Chor, der jedes Jahr an Silvester die Neunte Symphonie von Beethoven schmetterte, salopp »B Nine« genannt.

»Die Ode *An die Freude*, von begeisterten Laien gesungen, besser kann man kein Neues Jahr einläuten«, befand auch der *San Francisco Chronicle*.

Wenn der Steiner einen einmal als »Freund« akzeptiert hatte, konnte eigentlich nichts mehr schiefgehen. Beziehungsweise, wenn etwas schiefging, war man nicht allein. Bald besuchten unsere beiden Kinder die Privatschule, in der er unterrichtete, und wir wohnten in seinem Haus in der York Street.

Die Wohnung war klein. Zwei Zimmer, zu viert. Computersalat in der Küche. Ehebett im Flur, mit einer halben Wand aus Glasbausteinen nur unzulänglich vom Rest der Wohnung abgetrennt.

Ich brauche Türen. Die ich hinter mir zumachen kann.

Ich blieb nicht lange in der York Street, sondern zog einen Hügel weiter in die Texas Street. Da hatten wir unsere zwei Wohnungen, zwar nicht im selben Haus, aber in derselben Stadt.

So einfach war das. Wir zogen hin und her, manchmal zusammen, manchmal allein.

Die Wohnung in der York Street kam mit Steiner-Anschluss. Wir aßen gemeinsam, wir kochten gemeinsam, und Kate und Thomas schimpften zweistimmig mit dem Steiner, der wieder einmal nicht angerufen hatte, dass er später kommen und noch zwölf Gäste zum Essen mitbringen würde. In der York Street teilten wir uns die Zeitung, und wir hörten durch die Wände mit: Weinen, Lachen, Klavierspiel.

»Mission District?«, fragten die besorgten Eltern am Telefon. »Ich frage nur, weil … ich frage mich, ob das auch sicher ist.«

»Is it safe?« Eine Lieblingsfrage der Amerikaner. Und Standardreaktion auf alle möglichen Aussagen, von »Ich nehme Fahrstunden« über »Einen doppelten Espresso, bitte« zu »Ich bin vergangenen Monat umgezogen«.

»Die spinnen doch wirklich, die Amerikaner«, sagten wir zueinander, kopfschüttelnd. »Was die immer haben!«

Schon Phil hatte uns dringend davon abgeraten, in den Mission District zu ziehen. »Da kann man keine Kinder großziehen«, unkte er. »Ihr werdet schon sehen!«

Bandenkriege, Drogenhandel, Straßenstrich und nicht zuletzt der radikale Unmut der alteingesessenen Bewohner gegenüber den Dotcom-Yuppies, die wie ein Heuschreckenschwarm über das Latino- und Künstlerviertel hergefallen waren. Schicken Autos wurden die Reifen aufgeschlitzt, und »Yuppies raus!« prangte auf den Windschutzscheiben. »Die Mission gehört uns!«

Uns? Wem uns? Kein anderes Viertel in San Francisco hat sich im Laufe der Jahre so stark verändert, jede neue Einwandererwelle hat ihre Spuren hinterlassen.

»Die Mission ist auch nicht mehr, was sie einmal war«, heißt hier die meistgehörte Klage.

Hier, im flachen, sonnigen Straßenrechteck im Süden der Stadt, zwischen der Cesar Chavez Street, der Dolores Street und dem Highway 101, wo einst die Ohlone-Indianer zelteten, ließen sich 1776 die ersten spanischen Missionare nieder. Hier steht das älteste Gebäude der Stadt, die 1791 fertiggestellte Mission Dolores, das die Padres auf den Ruinen des Ohlone-Dorfes gebaut hatten – beziehungsweise von den bekehrten und versklavten Indianern hatten bauen lassen. Yerba Buena, die Hafenstadt, die später San Francisco heißen sollte, war von dieser verschlafenen Siedlung durch sanfte Sandhügel getrennt. Erst 1850 wurde eine Bretterstraße gebaut, die die beiden Orte miteinander verband.

In den Goldrauschzeiten breitete sich San Francisco aus, bis es um 1860 die Mission erreichte. Nach dem Erdbeben 1906, das die Mission weitgehend verschonte, verlegte sich für eine Weile auch das Geschäftsleben der Stadt in den Süden.

Die Mission war immer die erste Station der neuen Einwanderer. Zuerst ließen sich die Iren nieder, denen nicht erlaubt war, sich oberhalb der Market Street, in den eleganten Vierteln Pacific Heights, Russian Hill oder Nob Hill anzusiedeln. Nach den Iren kamen die Deutschen (deutsche Restaurants sind bei den jungen Hipstern immer noch beliebt) und die Polen (das Polnische Haus steht in der Folsom Street).

Ab den fünfziger Jahren bezogen schließlich die Einwanderer aus Mexiko – später auch aus anderen mittel- und lateinamerikanischen Staaten – die praktischerweise schon hauptsächlich spanisch benannten Straßen Valencia, Dolores und Guerrero.

Damals führten die Mission Cats, die coolen Jungs, auf der Mission Street, einer palmengesäumten Promenade, ihre frisierten, tiefer gelegten »muscle cars« im Spaziertempo vor, den Ellbogen aus dem Fenster geschoben, die Musik laut aufgedreht.

In den siebziger und achtziger Jahren belegte die Subkulturszene die billigen leer stehenden Ladenlokale in der Mission Street, Bands übten, Tänzer probten, Maler warfen mit Farbe: eine Kultur, die vom zweiten Goldrausch der Internetjahre vertrieben wurde. Heute ist die Mission Street ein einziger langer, etwas abgewetzter Ramschladen und eine bunt glitzernde Ausgeh- und Amüsiermeile. Wo zu Goldgräberzeiten Stierkämpfe stattfanden, serviert man heute Fusion-Cuisine.

In den vergangenen Jahren kamen immer mehr Familien, die nicht auf Phil hörten, in die sonnigen Straßen des Stadtviertels. Und jeder sagte: »Der Mission District ist auch nicht mehr, was er einmal war!«

Uns war das egal. Wir kannten nur die Mission hier und jetzt, und die gefiel uns. Mit ihren flachen Straßenzügen, manche von ihnen mit Linden gesäumt. Den bunten Wandmalereien, den mexikanischen Imbissständen, dem Geruch von Gewürzen, der in der Luft hing, den exotischen Schaufensterauslagen, den zuckergesprenkelten Süßigkeiten, den von Haken baumelnden Piñatas. Ganz zu schweigen vom strahlenden Sonnenschein! In der Mission ist es an jedem beliebigen Tag durchschnittlich sechs Grad wärmer als in den Avenues am Meer.

San Francisco hat, bedingt durch das heiße, trockene Hinterland, das kalte Wasser auf drei Seiten und die diversen Hügel überall, ein eigenes Mikroklima. Deshalb tragen Einheimische immer den attraktiven Schichtenlook: Von einer Straßenecke zur nächsten kann der klamme Nebel über einen hereinbrechen, plötzlich kann der bissige Wind verstummen, der Himmel aufreißen und die Sonne durchblitzen.

Und am schönsten ist es immer in der Mission.

Mit milder Nachsicht dachten wir an Phil – von wegen, hier können keine Kinder leben! Zum ersten Mal, seit wir in San Francisco wohnten, sahen wir Kinder auf der Straße spielen, auf dem breiten Bürgersteig der York Street, von vereinzelt auf Treppenstufen sitzenden älteren Schwestern oder Großmüttern aus den Augenwinkeln beobachtet. Die Kinder rasten auf ihren Plastikfahrrädern die Straße rauf und runter, die größeren bis zum Schnapsladen an der Ecke, der auch Süßigkeiten anbot.

Wochenlang lümmelte Cyril scheinbar unbeteiligt auf der Treppe vor dem Haus herum. Seine Rollschuhe wie zufällig in Reichweite, beobachtete er das Treiben aus den Augenwinkeln.

»Wie heißt du?«, riefen die Kinder im Vorbeisausen.

»Nothing«, antwortete Cyril kurz. »Nichts.«

Der Name blieb hängen, noch Jahre später hämmerte es an der Tür, und eine Kinderstimme krähte durch den Briefschlitz: »Nothiiiiing, kommst du raus zum Spielen? Nothing, bist du zu Hause?«

Das Telefon klingelte schon wieder. Ich schaltete den Anrufbeantworter ein. Ich wollte nicht noch einmal erklären, dass es hier in der York Street sicher sei. Und da ließ meine Mutter, die gerade zu Besuch war, die Zeitung sinken: »Schau dir das an!«

»Teenager erschossen« lautete die Schlagzeile. Bandenschießerei in der York Street. Siebzehnjähriger tot. Keine drei Häuser weiter, dort wo die 21st Street einmündete.

Wir hatten nichts gemerkt, nichts gehört.

Der Steiner packte einen Briefumschlag voller Geld und eine Flasche Tequila ein und ging die Straße hinunter zu einem Haus an der Ecke. Die Tür stand offen, in der Garage waren Klappstühle im Kreis aufgestellt, in der Mitte standen brennende Votivkerzen mit Heiligenbildern und ein Blumenstrauß. Hier hatte Hugo Enrique Ireta gewohnt, bei seinem Bruder, dem vierunddreißigjährigen Leopoldo, der am Straßenrand ohne Genehmigung alte amerikanische Schlitten reparierte. Hierher hatte sich Hugo Enrique zurückgeschleppt, nachdem er im Schnapsladen, wo er eine

Telefonkarte gekauft hatte, angehauen worden war: Er solle mal sein Hemd hochheben und seine Tätowierung zeigen. »Hugo Enrique« stand in blauer Tinte auf dem Rücken des Jungen. Kein Bandentattoo. Dass er eine blaue Hose trug wie die hier nicht gern gesehenen Sureños, war ebenfalls Zufall. Die Täter trugen Rot. Wie die Norteños.

Die Nachbarn saßen im Kreis auf den Klappstühlen.

»Hugo war so ein guter Junge«, sagten sie. Er arbeitete in zwei verschiedenen Restaurants, wo er Tische abräumte und Wassergläser auffüllte. Er schickte Geld nach Hause. Er nahm keine Drogen. Er gehörte zu keiner Gang. Er war nur zur falschen Zeit am falschen Ort.

»Oh, an der Ecke ist immer Ärger«, sagte Fernando, der in diesem Häuserblock der York Street aufgewachsen war. »Mindestens drei Ladenbesitzer sind hinter der Kasse gestorben, alle erschossen. Deshalb gehe ich immer in den anderen Laden, vorn an der 20th Street. Da ist man sicher.«

»Warum?«

Achselzucken. »Das ist einfach so. Das hätte Hugo wissen müssen.«

Doch Hugo Enrique war nicht nur zur falschen Zeit am falschen Ort, sondern mit der falschen Hautfarbe, der falschen Nationalität zur falschen Zeit am falschen Ort. Wie es meine Söhne und ihre Freunde nie sein könnten.

Auch das »ist einfach so«.

Und die Geburtstagsparty fand statt, wie geplant. Ohne Erwachsene.

Das schäbige Dekor des **Cafe Venice** wird von der
Freundlichkeit der Besitzer mehr als wettgemacht. Ab
fünf Uhr morgens geöffnet, dann ist die Zusammensetzung der Kundschaft auch am interessantesten.
3325 24th Street, Tel. 415-643 3385.
Yoga, das aus mehr als Verrenkungen besteht, unter-
richtet **Katchie Ananda** im **Yoga Sangha**. 3030-A 16th
Street, Tel. 415-934 0000, www.yogasangha.com.
Latino-Kunst gibt es in der **Galeria de la Raza** zu besichtigen und im **Studio 24** den dazugehörigen Kitsch
und das Kunsthandwerk zu kaufen. 2857 24th Street,
Tel. 415-826 8009, www.galeriadelaraza.org.
In der **St. Francis Fountain** zur Stärkung lieber ein
Sandwich bestellen als ein Eis, das nicht mehr haus-
gemacht ist. 2801 24th Street, Tel. 415-826 4200.
An der **Valencia Street** zwischen 16th und 24th Street
reihen sich Cafés an Bars, Secondhand-, Design- und
Buchläden. Z. B.: **Paxton Gate**, ein Laden voller Kuriositäten, seltener Pflanzen und ausgestopfter Tiere.
824 Valencia Street, Tel. 415-824 1872, www.paxton-
gate.com.
Im **Panchitas No. 3**, einem mexikanisch-salvadori-
anischen Lokal, kann es einem auch beim ersten Besuch passieren, dass man von der Kellnerin geküsst
wird – wenn man unter zwölf ist. 3115 22nd Street,
Tel. 415-821 6660.
Im **Rite Spot Cafe**, einer gemütlichen Nachbarschafts-
bar, soll auch Tom Waits verkehren. Ich habe ihn
allerdings nie gesehen. Dafür tritt die grandiose **Allison**

Lovejoy (www.allisonlovejoy.com) hier mit ihren eigenen Songs auf. 2099 Folsom Street, Tel. 415-552 6066, www.ritespotcafe.net.

Ein Erlebnis der besonderen Art ist ein Besuch im Bioreformwarenhaus **Rainbow Grocery**. Genug Zeit mitbringen, jeder hat etwas über seine Essgewohnheiten zu erzählen, und allein die Anschläge am Grünen Brett ersetzen den Fortsetzungsroman. 1745 Folsom Street, Tel. 415-863 0620, www.rainbowgrocery.org.

Ein Haus auf dem Potrero Hill ist ein Haus ist ein Zuhause

Ich saß auf der Treppe vor dem Haus und wartete auf Terry, den ich nicht kannte, der mir aber beschrieben worden war: »Er sieht eigentlich ganz normal aus, ach, einfach so ein typischer San-Francisco-Typ.« Das konnte allerdings alles heißen. Und so nahm ich die Passanten in Augenschein. »Typisch San Francisco« schloss den jungen Mann mit der sorgfältig gezöpfelten Gretchenfrisur und den zu kurzen Hosen ebenso ein wie den Geschäftsmann mit Anzug, Rucksack und batteriebetriebenem Tretroller.

Das Haus, auf dessen Stufen ich saß, gehörte Terry – ich und vierhundertvierundvierzig andere wollten ihm dieses Haus gern abkaufen. Samt dem lecken Dach, den Asbestschindeln, den schiefen Treppenstufen, die zur Haustür führten. Letzten Sonntag waren wir in Einerkolonne durch das Haus getrampelt. Jeder hatte die Selbstauskunft ausgefüllt – und ich hatte jeden Einzelnen der Interessenten böse angestarrt: Was fällt dir eigentlich ein, mit schmutzigen Turnschuhen über meinen Fußboden zu stapfen? Und dir, meine Küchenschubladen aufzureißen?

Dieses Haus war meines, das hatte ich gleich beim Eintreten gespürt. Ich hatte weder die Fenster gezählt noch den Zustand der Dachpappe überprüft, ich hatte nur gespürt: Das ist ein Zuhause.

Deshalb saß ich nun auf diesen Stufen hier. Um Terry davon zu überzeugen, dass sein Zuhause eigentlich meines war.

Das Haus, ein Cottage, wurde nach dem Erdbeben von 1906 als Notunterkunft gebaut und zusammen mit 5609 anderen im Golden Gate Park aufgestellt. Es gab diese Cottages in verschiedenen Ausführungen, aber alle ohne Küche, Bad und Isolierung. Die Miete betrug damals zwei Dollar im Monat. Nach einem Jahr konnten die Bewohner, in diesem Fall eine Familie O'Neill, die ihr ursprüngliches Heim verloren hatte, das Häuschen für achtundvierzig Dollar erstehen und mit dem Pferdewagen abschleppen. Die Cottages wurden immer wieder um- und aus- und sogar aneinandergebaut, nur noch wenige von ihnen sind in der ursprünglichen kargen Form zu besichtigen. Heute findet man sie in der ganzen Stadt verteilt, manche tauchten sogar in Santa Cruz wieder auf.

Dieses hier, »meines«, steht auf dem Potrero Hill.

»Der Hügel«, wie er von seinen Bewohnern genannt wird, als gäbe es in der Stadt nicht siebenundvierzig andere, ist durch Highways und Wasser vom Rest der Stadt abgetrennt.

Das Viertel, das lange auch Goat Hill, Ziegenhügel, genannt wurde, hat seinen Namen aus der Zeit Mitte des neunzehnten Jahrhunderts, als es den Kühen der Mission Dolores als neues Weideland, »potrero nuevo«, diente. Damals gehörte das ganze Gebiet der mexikanischen Großgrundbesitzerfamilie De Haro. Die Goldgräber vertrieben die Wiederkäuer und stellten ihre »squatter shacks« auf.

Heute noch stehen auf dem Hügel einige dieser inzwischen mehrfach umgebauten kleinen Holzschachteln, die wie von Kindern zusammengesetzt über den steilen Hängen schweben.

In Wellen zogen Schotten, Iren, Chinesen, Russen, Mexikaner auf den Hügel, und dann in den vierziger Jahren des zwanzigsten Jahrhunderts arbeitslose Schwarze aus den Südstaaten, die in den Werften und Fabriken am Hunter's Point Kriegsschiffe bauten. Doch als der Zweite Weltkrieg vorüber war, ging die Produktion zurück. Anfang der siebziger Jahre wurden die Fabriken geschlossen, und der Anteil der schwarzen Bevölkerung im Bezirk Potrero Hill/Hunter's Point sank von zweiundsechzig auf achtundvierzig Prozent. Zeitgleich mit der zunehmenden Verarmung dieser Bevölkerungsgruppe zogen mehr und mehr Hippies und Künstler auf den Hügel.

Hier auf dem Hügel saß ich nun. Zwei mormonische Wanderprediger in billigen Anzügen gingen an mir vorbei, ein Skater mit handgestrickter Mütze, dem bald die Hose herunterrutschte, ein dicker Mann mit Schnurrbart und hüfthohen Anglerstiefeln. Typische San-Francisco-Typen eben. Und ich hoffte, hier bald mein Zuhause zu haben.

Die meiste Zeit meines Lebens hatte ich am selben Ort gelebt: in Zürich, im Seefeld, genauer gesagt. Die meiste Zeit sogar im selben Haus. Mein Zimmer lag unter dem Dach und hatte schräge Wände, die ich mit Blümchen tapeziert hatte und mit Pferdepostern. Als ich als Erwachsene in das Haus zurückkam, zog ich wieder in dasselbe Zimmer, das unterdessen von Menschen mit mehr Geschmack weiß gestrichen worden war. Ich schob mein Bett in die Ecke unter die Dachschräge – und fühlte mich zu Hause.

Zu Hause ist man da, wo man nicht überlegen muss, wo man in den Bus einsteigt, vorn oder hinten, ob man die

Fahrkarte dem Fahrer hinhält oder sie in einem orangefarbenen Kasten entwertet. Zu Hause ist der gewohnte Blick, der Weg zum See, da haben die Kinder laufen gelernt, auf derselben Promenade, wo ich meinen ersten Freund geküsst habe. Zu Hause ist da, wo man weiß, welche Nachbarin immer Knoblauch im Haus hat und welche offenen Wein. Zu Hause sind vertraute Gerüche, zum Beispiel nach frisch geschnittenem Gras und den Abgasen der diversen Rasenmäher. Zu Hause sind Wände, die man kennt, schräge Wände unter dem Dach, wo gerade ein Bett hinpasst. Wände, wie Terrys Haus sie auch hatte.

Ein Zuhause ist etwas, das ich meinte, nicht zu vermissen. Doch jetzt saß ich hier und brauchte dieses neue Zuhause unbedingt.

»Abreißen«, hatte einer der Interessenten vergangenen Sonntag gesagt. Zimmer mit schrägen Wänden kann man nicht als Schlafzimmer rechnen und vermieten, und solche ohne Wandschrank auch nicht. »Abreißen und Mietwohnungen hinstellen.«

»Tu's nicht, Terry«, hätte ich fast gesagt.

Anfangs dachte ich noch, ich würde zurück in die Schweiz gehen, nach einem, höchstens nach zwei Jahren. Ins Seefeld. Nach Hause. Wo eine Freundin gleich nebenan wohnte, die immer Knoblauch vorrätig und Wein offen hatte, wo ich den Busfahrplan auswendig wusste und nicht überlegen musste, an welchem Tag der Milchmann kam und an welchem die Müllabfuhr. Der Tisch im Garten gehörte mir noch immer, die Wäscheleine, die Bäume und der See.

Doch jetzt war ich hier.

»Terry«, hatte ich sagen wollen, »ich brauche kein Haus zum Abreißen. Ich brauche ein Zuhause.«

Der musste es sein: In Jeans und kariertem Hemd kam er auf mich zu. Ein langer, gepflegter Vollbart fiel ihm auf die Brust, der Schädel war kahl rasiert. An seiner Seite ging ein zottiger Hund, der ihm bis zur Hüfte reichte. Beide schauten mich prüfend an. Ich stand auf und schüttelte meine Knochen aus. Ergriff seine ausgestreckte Hand.

»Hi«, sagte er, »my name is Seefeld, Terry Seefeld.«

Seit einigen Wochen wohnten wir nun schon auf dem Portrero Hill, da wurde mein Sohn krank. Ich rief das Potrero Hill Health Center an. Ich hatte die Anzeige im Stadtteilmagazin gesehen, eine Strichzeichnung von spielenden Kindern. Visionen von gemütlichem Nachbarschaftstratsch in einem sonnendurchfluteten Wartezimmer. Eine freundliche, effiziente Schwester, die alle Patienten beim Vornamen kannte. Weil sie alle auf dem Hügel wohnten. Wie wir.

Wir kauften bei Good Life ein, dem Nachbarschaftsladen, in den ich die Kinder allein schicken konnte, wenn ich etwas vergessen hatte (zu Fuß einkaufen ist in San Francisco nicht selbstverständlich). Zurück kamen sie dann mit interessanten biodynamischen Tiefkühlleckereien, aber nicht mit der vergessenen Milch.

Wir aßen so viel Pizza, wie reinpasste. All you can eat, immer montagabends bei Goat Hill Pizza, wo die Bilder lokaler Künstler mit dem Blick über die Stadt konkurrierten. Die Kinder griffen nach den Filzstiften, Cyril malte auf seiner Seite des Papiertischtuchs, während Lino auf der anderen ausrechnete, dass ich nach dreißig Jahren beinahe das Doppelte des Hauspreises an die Bank gezahlt haben würde.

»Das scheint mir nicht unbedingt vernünftig, Mama.«

Ich traf meine Freundinnen bei Farley's zum Kaffee oder bei Aperto zum Mittagessen, oder ich ging allein hin, setzte mich an die Theke am Fenster und beobachtete die Passanten. Abends gingen wir auf einen Drink ins Bloom's, dessen Hinterzimmer über dem steilen Abhang balanciert. Wie eine Bergbahngondel schwebt es über den glitzernden Lichtern der Downtown.

Kurz, wir waren hier zu Hause. Nur einen Hausarzt hatten wir noch nicht. Daran denkt man ja erst, wenn das Kind so krank ist, dass es nicht einmal mehr behaupten mag, ein kleines bisschen fernsehen würde bestimmt helfen.

»Klar«, sagte die Schwester am Telefon, »bringen Sie ihn einfach vorbei. Nein, Sie brauchen keinen Termin.«

Ich suchte lange nach der Adresse. Den fiebrigen Buben verbotenermaßen quer auf der Sitzbank ausgestreckt, seinen Kopf in meinem Schoß, fuhr ich die Wisconsin Street auf und ab, bis mir ein Passant erklärte, ich müsse über den Hügel. Auf die andere Seite. Die Südseite. In die Projects, mit anderen Worten in die Sozialsiedlung.

Und da fand ich das Health Center. Eine kleine Holzschachtel mit Parkplatz davor, auf dem keine Autos standen. Das allein schon hat in San Francisco Seltenheitswert.

Ich trug Cyril hinein. Fiebrig und geschwächt lag er in meinen Armen. Erst als ich alle Formulare ausgefüllt und mich in einem der schäbigen Holzstühle mit zerschlissenem Stoffbezug eingerichtet hatte, mit dem Kind auf dem Schoß, schaute ich mich richtig um.

Wir waren die einzigen Weißen im Wartezimmer. Auf einem abgeschabten Couchtisch lagen ein paar Gratismagazine von der Stadtverwaltung, deren Titelschlagzeilen nicht einmal mich Buchstabensüchtige anzogen. In einer

Ecke stand etwas verloren eine Plastikkiste mit nicht zusammenpassenden Lego- und Duplosteinen.

In der Schweiz hatten wir einen Kinderarzt gehabt, der schon meinen Bruder und mich behandelt hatte und in dessen Wartezimmer geschmackvolle Holzspielsachen und traditionelle Schweizer Kinderbücher ausgelegt waren. Vor allem aber war hinter den Türen ein Arzt, der Zeit hatte und zuhörte. Kein Wunder, dass ich es bisher aufgeschoben hatte, einen Ersatz zu finden, und die jährlichen Check-ups während des sommerlichen Besuchs in der Schweiz hatte durchführen lassen.

Der Besuch bei Ärzten und Zahnärzten ist normalerweise die letzte Hürde, die der freiwillige Einwanderer nimmt. Und das meist nur im Notfall.

Als wir aufgerufen wurden, empfing uns hinter der schweren Eisentür, die das Wartezimmer von den Behandlungsräumen trennte, ein freundlicher älterer Kinderarzt, der sich als Doktor Rappaport vorstellte. Während er Cyril untersuchte, musterte er mich neugierig.

»Wie sind Sie denn hier gelandet?«

Weder die Schwester am Empfang, die mir die Formulare gegeben hatte (»Nein, Sie brauchen keine Versicherung.«), noch die anderen Wartenden in den zerschlissenen Stühlen hatten mich das gefragt. Obwohl wir hier offensichtlich fehl am Platz waren.

»Ich habe Ihre Anzeige gesehen«, sagte ich. »Ich wohne noch nicht lange hier.«

Dass ich keine Amerikanerin war, verstand sich von selbst, denn die wüsste, was ein Health Center ist: eine Gratisklinik für Obdachlose und andere Nichtversicherte.

»Es tut mir leid«, sagte ich. »Ich wollte niemandem den Platz wegnehmen.«

»Nicht doch, nicht doch!« Der freundliche Doktor stellte ein Rezept aus. »Sie sind auf jeden Fall willkommen. Jeder ist hier willkommen.«

Das Potrero Hill Health Center wurde in den siebziger Jahren gegründet, im Rahmen des von Präsident Lyndon B. Johnson proklamierten »war on poverty«, der bald vom Vietnamkrieg von der Prioritätenliste geschubst wurde.

Beinahe wäre das Center nach Art Agnos benannt worden, einem jungen Politiker und späteren Bürgermeister von San Francisco, der 1973 auf dem Potrero Hill von den sogenannten Zebra-Killers niedergeschossen worden war. Zebra-Killer – weil sie schwarz waren und ihre Opfer weiß. Nicht, dass das Sinn ergeben würde – wo waren die Streifen? Jedenfalls wurde Art Agnos auf dem Sterbebett versprochen, dass man die Klinik nach ihm benennen würde. Doch wider Erwarten überlebte er die Schusswunden, und die Klinik heißt stattdessen nach Caleb G. Clark, einem jungen Sozialarbeiter, der auf ähnlich sinnlose Weise zu Tode kam.

Gewalt ist in den Projects immer präsent – auch in der Geschichte der Klinik. Durch die Fenster des Wartezimmers sieht man auf die hässlichen orange- und fleischfarbenen Häuser der Sozialsiedlung, in der unter anderem O. J. Simpson aufgewachsen ist, der berühmte Footballspieler, der beschuldigt worden war, seine Frau umgebracht zu haben, dann jedoch freigesprochen wurde. Murals erinnern an seine Glanzzeit, auf manchen ist O. J. Simpson inzwischen mit kleinen Teufelshörnern verziert.

Spike Lee wollte eine Fernsehserie in diesen Siedlungen drehen. *Sucker Free City* (Idiotenfreie Stadt) sollte sie heißen und von den Abenteuern eines jungen chinesischen

Studenten erzählen, der durch ein bürokratisches Versehen in diesen mehrheitlich von Schwarzen bewohnten Projects gelandet war.

»Wo sonst leben die Ärmsten der Armen in einer der begehrenswertesten Immobilienlagen der Welt mit Millionen-Dollar-Blick auf das Meer?«, fragte Spike Lee. »Das allein, Mann, das allein …«

Doch die Serie wurde nach dem Pilotfilm abgesetzt. Vielleicht, weil die Realität dieser Projects zu brisant ist, um als Fernsehkulisse zu dienen?

Die latente Gefahr, die von den Projects ausgeht, hielt nicht nur lange die Immobilienpreise in Schach, sondern übte auch eine Anziehungskraft aus. In gewissen Kreisen war es immer schon schick, in sogenannten schlechten Gegenden zu wohnen. Trotzdem entwickelten sich keine wirklichen nachbarschaftlichen Beziehungen. Wie die Streifen des ominösen Killerzebras existieren diese Welten nebeneinander, nicht miteinander.

San Francisco hat den Ruf, die liberalste Stadt des »anderen Amerika« zu sein – außer in Rassenfragen.

»Hier muss ich immer beweisen, dass ich nicht ›wie die‹ bin«, erklärte mir Chris, ein aus Chicago zugezogener Schreiner und ehemaliger Geschichtslehrer. Ein großer Mann mit langen, ergrauenden Dreadlocks und dünn gerahmter Brille, den ich kennengelernt hatte, weil ich ihn mit meinem Freund Al verwechselt hatte. »Ein Schwarzer mit Dreads sieht für dich wohl aus wie der andere«, sagte er nicht unfreundlich.

»Das, und das Maßband am Gürtel«, musste ich beschämt zugeben – Al arbeitete auch auf dem Bau.

Doch Chris verzieh mir, und ich stellte eine dieser Fragen, die ich mir nur erlauben konnte, weil ich offensichtlich nicht von hier war. »Passiert dir das oft?«, fragte ich.

»Dass ich für Al gehalten werde?« Er lachte. »Nicht oft genug!« (Al eilte der Ruf voraus, ein Frauenheld zu sein.) Doch dann wurde er ernst und erzählte mir, was ihm hier passierte. Dass er in einem Restaurant, in dem er telefonisch einen Tisch reserviert hatte, nicht bedient wurde: »Tut mir leid, wir sind ausgebucht.« In einem anderen musste er die Kreditkarte abgeben, bevor er bestellen durfte. Ganz zu schweigen von der sprichwörtlichen Unmöglichkeit, ein Taxi zu kriegen oder den Polizeikontrollen wegen DWB – »driving while black« – zu entkommen.

»In Chicago«, sagte er, »gibt es arme Schwarze und reiche Schwarze. Erfolgreiche und heruntergekommene. Hier gibt es nur die.« Und zeigte mit dem Kinn zum Hügel, auf dem auch ich wohnte in meinem schnuckeligen himbeerfarbenen Häuschen mit Garten und Zitronenbaum. Wo ich meine Nachbarn kannte und die Tür nicht abschloss. Wo ich Designerkaffee und ebensolche Schuhe kaufen konnte, Bücher und Kitschobjekte. Wo sich, zwei Straßenzüge weiter, eine Welt auftat, die mir fremd war.

Zwei Straßenzüge trennen die liberale Mittelschicht von der Dritten Welt. Hier verkleidet man Haustiere zum eigenen Halloween-Umzug, dort ersticken Sozialsiedlungsbewohner am giftigen Schimmel, der über die Wände kriecht. Hier werden Heckenrosen prämiert, dort fließt ein brauner Fluss aus Scheiße das Trottoir hinunter, und das über ein Jahr lang. Hier tragen die Kinder Uniformen teurer Privatschulen, dort die übergroßen Insignien der rivalisierenden Gangs.

Und wer nicht unbedingt muss, setzt auch keinen Fuß in den anderen Stadtteil. Nicht einmal die Familie Silver.

Ihr Fall machte Schlagzeilen und brachte die Zeitungsleser dazu, den Fall zu kommentieren.

Die Familie war obdachlos und lebte in einem heruntergekommenen Bus, dessen Fenster mit schwarzen Mülltüten verklebt waren. Die Kinder aber besuchten jeden Tag die Schule und hatten gute Noten. Ich wohnte direkt neben dieser Schule und sah die Eltern in ihrem Bus sitzen und auf die Kinder warten.

Was die Zeitungsleser aufbrachte, war nicht die Tatsache, dass diese Kinder ihre Schularbeiten auf den Knien machten, auf den Luftmatratzen, auf denen sie auch schliefen.

Nein, der Familie war zweimal eine Notwohnung angeboten worden, und die Silvers hatten sie beide Male abgelehnt. Denn die Notwohnung befand sich in den Projects. »Wir haben einfach Angst«, sagten die Eltern. »Die Drogen, die Schießereien ... da sind unsere Kinder im Auto sicherer.«

Der erste Direktor des Potrero Hill Health Center, Doktor Robert Ross, ein junger Idealist, der auf ein Drittel seines ohnehin schon lächerlich niedrigen Gehalts verzichtet hatte, um das der Krankenschwestern aufzubessern, wurde 1983 in seiner Klinik erschossen.

Wenige Wochen zuvor hatte er einen Hausbesuch – ja, er machte Hausbesuche – bei einer bettlägerigen Patientin gemacht, die offensichtlich von ihrem Schwager, der sich um sie kümmern sollte, vernachlässigt wurde. Der Arzt organisierte eine Pflegerin. Der Schwager nahm ihm das übel, kam in die Klinik und sagte, er habe eine Lungenentzündung. Doktor Ross beugte sich über ihn, der Mann zog eine Pistole und erschoss den Arzt.

»Jeder neue Bürgermeister will erst einmal unsere Klinik

schließen«, erzählte Doktor Rappaport, der nicht von der Klinik angestellt war, sondern einen Tag pro Woche seine Dienste zur Verfügung stellte. »Die schauen sich den Stadtplan an und sehen, wie nah wir am General Hospital sind. Doch das ist Luftlinie. Für unsere Leute hier wäre es eine Weltreise.«

Die Ärzte der Klinik nahmen sich Zeit, machten Hausbesuche, holten auch schon mal einen Patienten aus dem Gefängnis ab. »Ich kann hier mehr Arzt sein als in meiner privaten Praxis«, sagte Doktor Rappaport. Und, als er uns entließ: »Kommen Sie ruhig wieder.«

Einen Satz, den mein Nachbar Jack wahrscheinlich noch nie zu hören bekommen hatte. Jack, ein pensionierter Ingenieur und ehemaliger Navy-Soldat, achtzig Jahre alt und ein Leben lang krankenversichert, stand einmal zweieinhalb Stunden auf der Straße an, um eine der begehrten Grippeimpfungen zu kriegen. Vor einem schönen neuen Krankenhaus in einem besseren Viertel, zu dem allein die Anreise mit dem Bus eine Stunde gedauert hatte. Ein paar Meter vor ihm brach ein Mann in der Herbstsonne zusammen, doch da niemand seinen Platz in der Schlange aufgeben wollte, lag er da, bis eine Krankenschwester herauskam, um eine Zigarette zu rauchen.

Jack hatte keinen Arzt, der seinen Namen kannte, der sich an ihn erinnerte. Es machte ihn wütend, dass »die da« (mit dem Stock zeigt er auf die andere Seite des Hügels), die »nie einen Tag gearbeitet haben«, so viel besser versorgt waren und dafür nicht einmal bezahlen mussten.

»Hausbesuche«, knurrte er.

»Warum gehst du denn nicht ins Center?«

»Zu denen?«

»Warum denn nicht?«

»Das kannst auch nur du fragen! Das verstehst du nicht, du bist eben nicht von hier!«

»Eine andere Welt«, sagte er ein paar Tage später, etwas versöhnlicher. »Es ist eine andere Welt.«

Und auch für uns ist die Weltreise auf die andere Seite des Hügels schwer zu ertragen. Es ist so viel einfacher, Elend im Fernsehen zu sehen als so direkt vor der Haustür. Es ist unmöglich, sich nicht zu fragen: Warum wir und nicht sie? Warum sie und nicht wir?

Abstecher: Ein perfekter Tag auf dem Hügel

Vor dem Frühstück eine Yogastunde bei **Susannah Bruder** im **Yoga Sita.** Die langjährige Hügelbewohnerin, Hundebesitzerin und Hippie-Chick unterrichtet von Modeströmungen unberührtes Hatha-Yoga. 1501 Mariposa Street, Nummer 308, Tel. 415-864 7482, www.yogasitasf.com.
Der Kaffee bei **Farley's** ist bitter, das Gebäck fad, und die beachtliche Zeitschriftensammlung an der Wand darf nicht durcheinandergeraten, sonst wird Roger, der Besitzer, böse. Lieber blättert man in den zahlreichen Gästetagebüchern – bekannt aus *Sofa, Yoga, Mord.* 1315 18th Street, Tel. 415-648 1545, www.farleyscoffee.com.
Christopher's Books ist eine der letzten unabhängigen und von Nachbarinnen geführten Buchhandlungen, in der man trotz kleinem Sortiment immer etwas findet – in Sparmonaten muss ich die Straßenseite wechseln, um nicht in Versuchung zu geraten. 1400 18th Street, Tel. 415-255 8802, www.christophersbooks.com.

Die Sandwiches von **Klein's Deli** sind nach berühmten Frauen benannt – mein Favorit ist das »Kahlo«.
501 Connecticut Street, Tel. 415-821 9149.
Thinker's Cafe ist eine meiner Lieblingsschreibstuben, weil es immer etwas zu belauschen gibt, z. B. den Kaffeeklatsch von Streifenpolizisten. 1631 20th Street, Tel. 415-285 8294.
Montagabends versammelt sich die ganze Nachbarschaft zum All You Can Eat bei **Goat Hill Pizza**. 300 Connecticut Street, Tel. 415-641 1440, www.goathillpizza.com.
Das letzte Glas im **Blooms Saloon**, im Hinterzimmer, mit Blick über die Stadt. Besonders schön, wenn die Baseballsaison beginnt und aus dem nahen Stadion Feuerwerke aufsteigen. Ein Glas zu viel, und Sie fühlen sich, als würden Sie auf die Bay Bridge zufliegen. 1318 18th Street, Tel. 415-552 6707, www.bloomssaloon.com.
Vergessen Sie den Mietwagen-Stau an der Lombard Street: Die wirklich **kurvigste Straße der Welt** befindet sich gleich hier auf dem Hügel. Es ist die **Vermont Street**, von der 20th Street an.

North Beach, wo nur Dichter einen Strand vermuten

Ich saß im Caffe Trieste in North Beach, dem legendären italienischen Kaffeehaus, das schon Jack Kerouac und Allen Ginsberg als Schreibstube gedient hatte und wo Francis Ford Coppola, angetrieben von teerschwarzem Espresso, das Drehbuch zu *The Godfather* geschrieben und umgeschrieben und noch einmal umgeschrieben hatte. Auf einem Bild an der Wand sieht man den bärtigen Regisseur mit Kaffeehausbesitzer »Papa Gianni« sein Werk diskutieren.

Das Trieste ist eine Institution: Hier wurde 1955 zum ersten Mal echt italienischer Espresso und Cappuccino angeboten. Wer einmal amerikanisches Filterspülwasser getrunken hat, weiß, was das bedeutet. Wer nicht, dem sei diese Filmszene aus *Out of Rosenheim* in Erinnerung gerufen. Die Gäste im Bagdad Café spuckten den deutschen Filterkaffee, den Marianne Sägebrecht in einer geblümten Thermoskanne eingeführt hatte, empört aus: »Viel zu stark!« Das, multipliziert mit Italianità, ist das kulturelle Geschenk des Trieste.

Den italienischen Einwanderern ist es laut Stadtlegende auch zu verdanken, dass North Beach nach dem Erdbeben von 1906 nicht vollständig abgebrannt ist. Sie sollen Leintücher in Rotwein getränkt und um ihre Holzhäuser drapiert haben. Se non è vero… kann man da nur sagen.

North Beach liegt nicht, wie der Name vermuten ließe, am Meer, sondern hoch auf einem Hügel, mit Blick auf die Glitzerlichter der Stadt und auf die Bay. Die North Point Docks waren die Einwandererschleuse für Menschen aus Südamerika, Europa und auch für jene, die den australischen Strafkolonien entkommen konnten. Deshalb wurden die Docks anfangs auch Sydney Docks genannt. Die Neuankömmlinge ließen sich auf den Hügeln über den Docks nieder, die heute zu North Beach gehören. Später, in den Goldrauschzeiten, wurde dieses Gebiet Barbary Coast genannt. Barbary wie Berber, nicht wie Barbaren – auch wenn das besser gepasst hätte, denn die Hauptstadt des Goldrausches war ein rechtloser Raum.

»Öffentliche Einrichtungen sind unbekannt in San Francisco«, jammerte damals der erste Bürgermeister der Stadt, John W. Geary. »Es gibt weder Polizei noch Feuerwehr, Gefängnisse, Krankenhäuser, und erst recht kein Budget!«

Erst Ende des neunzehnten Jahrhunderts übernahmen Einwanderer aus Italien das Viertel und machten North Beach zu dem, was es heute ist – zur Geburtstätte der Beat-Literatur und der Toplessbar. Topless, nicht Tapas, eine Verwechslung, die eine Freundin einmal beinahe in eine wirklich schwierige Situation gebracht hätte.

Sie hatte sich in einer Bar telefonisch erkundigte: »Servieren Sie auch Tapas?«

»Ja, aber nur im Barbereich.«

»Oh, wie schade, ich wollte meine Kinder mitbringen. Dürfen die an der Bar sitzen?«

»Ma'am, Sie wollen, dass Ihren Kindern topless serviert wird?«

In North Beach soll die Tänzerin Carol Doda den ersten »boob job«, die erste Brustkorrektur der Stadt, vorgezeigt haben, knapp bekleidet auf einem gläsernen Piano von der Decke schwebend. Auf diesem Piano hatte sich nach Ladenschluss ein schwergewichtiger Rausschmeißer mit einer anderen, weniger berühmten Tänzerin vergnügt – was ihn das Leben kosten sollte.

In North Beach gründeten die Lusty Ladies den ersten von einem Stripperinnen-Kollektiv selbst verwalteten Ausziehschuppen.

In North Beach hat Joe DiMaggio Marilyn Monroe geheiratet oder wenigstens auf den Treppenstufen der Sts. Peter and Paul Church am Washington Square für die Hochzeitsfotos posiert (die Trauung fand nur standesamtlich statt).

Der Washington Square ist das Herz des Viertels und steht laut Herb Caen symbolisch für die ganze Stadt: ein wunderschöner Ort, an dem nichts ist, wie es scheint. »Der Square ist nicht ›square‹, viereckig, er liegt nicht an der Washington Street, und die Statue ist nicht von George Washington, sondern von Benjamin Franklin. Und wenn wir schon dabei sind: North Beach hat gar keinen Strand!«

Papa Gianni, bürgerlich Gianfranco Giotta, studierte Gesang in Triest. Er wollte eigentlich Opernsänger werden, doch das Geld ging ihm aus, und er versuchte sein Glück in der Neuen Welt.

Sein Caffe, in dem samstags Opernarien gesungen wurden, meist von Mitgliedern der Familie Giotta, zog erst einmal eine rein italienische Kundschaft an. Bis Jack Kerouac, »der mehr für italienischen Espresso und Levi's 501 getan hat als irgendwer sonst«, und die Beatniks das Lokal zu ihrem Stützpunkt erklärten.

Seither treffen sich hier »tutti i poeti« in ständig wechselnden Inkarnationen: Beatniks, Hippies, Bohemiens, Internetpioniere und Touristen. Wer etwas aufzuschreiben hat, sitzt im Trieste, in der Hoffnung, dass Inspiration von den wortgetränkten Wänden trieft.

Auch jetzt wurde an den wackligen Bistrotischen gelesen, geschrieben, diskutiert. Wie Joseph Brodsky in seinem Gedicht *Cafe Trieste: SF* schrieb: »Nothing has changed here. Neither the furniture nor the weather ...«

Vor mir stapelten sich die ungelesenen *New-Yorker*-Magazine – um mich in diesem Ambiente intellektuell zu geben, aber auch, weil ich gut vier Monate hinter meinem Abonnement herhinkte. Ich tunkte mein Mandelhörnchen in den Espresso, biss ab und schlug eine Nummer vom März auf.

»Ach, Honey!«

Ich schaute auf. Neben mir saß eine dicke Schwarze in der unvorteilhaften braunen Polyesteruniform der städtischen Verkehrsbetriebe.

Sie lachte mich an und hielt ihrerseits einen *New Yorker* hoch. Vom April. »Du bist ja noch schlimmer als ich«, rief sie.

Dann legten wir beide die Hefte zur Seite und diskutierten stattdessen über die Nagellackfarben im Frühling, bis die Dichter an den Nebentischen die Stirn runzelten.

Meine neue Freundin stand auf. »Der Bus ruft.« Im Gehen warf sie ihre *New Yorker* in den Papierkorb, den ganzen Stapel. Und das Caffe hielt den Atem an.

San Francisco ist eine literarische Stadt. Unzählige berühmte Schriftsteller von Mark Twain, Jack London und Ambrose Bierce über William Saroyan, Robert L. Stevenson, Dashiell Hammett, Jack Kerouac, Allen Ginsberg, Isabel Allende, Amy Tan, Michael Chabon, Dave Eggers, Daniel

Handler alias Lemony Snicket bis hin zu Susie Bright und Danielle Steel haben hier geschrieben und gelebt, leben und schreiben hier. Und die Kolumnen im *San Francisco Chronicle* von Herb Caen, dem Erfinder des Drei-Punkte-Stils, wurden mit religiöser Regelmäßigkeit gelesen, noch vor den Börsenkursen. »Wenn Herb nicht drin ist, ist Samstag«, wusste man.

Literarisches Leben also an jeder Ecke, doch was es seit der Ära der Beat-Poeten nicht mehr gibt: eine einheitliche literarische Strömung, eine San-Francisco-Schule.

Die berühmt-berüchtigte Buchhandlung City Lights Books, deren Besitzer Lawrence Ferlinghetti und Shigeyoshi Murao einst wegen Vertreibens von obszönem Material (Ginsbergs Gedicht *Howl*, das sie erstmals in den USA veröffentlichten) verhaftet wurden, ist heute mehr Touristenattraktion als Dichtertreff. Nebenan, die Bar Vesuvio mit der wild bemalten Fassade, in der einst Dylan Thomas ein Spezialrecht hatte, am Tresen zusammengesunken zu übernachten, ist heute ein Studententreff, spezialisiert auf riesige Bierkübel. Bolinas, die selbstbestimmte Dichterenklave an der Küste von Marin County, verkommt langsam, aber sicher zum Wochenendparadies für Investmentbanker.

Doch damit ist natürlich nicht gesagt, dass es kein literarisches Leben in San Francisco gibt: Unzählige Magazine erscheinen hier, zum Beispiel *Zoetrope – All-Story* aus der Coppola-Manufaktur am Broadway, Festivals wie das jährliche Litquake oder die regelmäßigen Veranstaltungen der Gruppe mit dem schönen und passenden Namen Writers With Drinks werden organisiert.

Die lokalen Autoren halten auch durchaus zusammen: In Dave Eggers' Bubentraum 826 Valencia, einem Laden für Piratenbedarf, in dem er außerdem Schreibkurse für unterprivilegierte Schulkinder anbietet, tritt auf, was Rang und Namen hat, ohne Bezahlung. Im Writers' Grotto, einem in den neunziger Jahren von Po Bronson, Ethan Watters und Ethan Canin gegründeten Schreibkollektiv, arbeiten heute über dreißig Autoren und Filmemacher. Nebeneinander, aber nicht miteinander. Es fehlt nicht an Sympathie und Solidarität, aber es ist keine einheitliche Strömung auszumachen. Die Schriftsteller und ihre Bücher sind so unterschiedlich wie überhaupt möglich und drücken so die wild vertretene Individualität aus, die San Francisco auszeichnet.

»Die größte Ansammlung von Schriftstellern habe ich bei einer Solidaritätsveranstaltung für Salman Rushdie gesehen«, schrieb Armistead Maupin einmal. »Wir blinzelten uns schüchtern zu wie Maulwürfe, die nur selten ans Tageslicht kommen.«

Dass man sich nicht mit einer fest umrissenen Szene identifizieren muss – vielleicht macht das, mehr noch als die Historie oder die Kulisse, die Stadt zu einem so fruchtbaren Boden, nicht nur für Schriftsteller, sondern überhaupt für Künstler? Für Erfinder und andere Verrückte? Und alle erfinden sich neu.

»Es ist eine Tradition aus Goldgräberzeiten, dass man nicht neugierig ist, sondern die Lebensgeschichte, die man erzählt bekommt, einfach akzeptiert«, meinte Diane Johnson. »Jeder kommt hierher, um sich eine neue Identität zuzulegen. Das kann man bei jedem voraussetzen.«

Am radikalsten führte das in jüngster Zeit Laura Albert vor, die Frau, die sich hinter dem literarischen Phänomen JT LeRoy verborgen und zusammen mit ihrem Mann und ihrer Schwägerin in einer Art Happening-Kollektiv die Kunstwelt an der Nase herumgeführt hatte.

Zur Erinnerung: JT LeRoys herzzerreißende autobiografische Texte über das Aufwachsen mit einer drogensüchtigen Mutter, die ihren Jungen als Mädchen verkleidete und an Raststätten prostituierte, machten Furore. Mit Flüsterstimme und mysteriösem Nicht-Auftreten zog LeRoy Medien und Prominenz in seinen Bann. Zu seinen Förderern gehörten Madonna und Courtney Love. Nicht aber Armistead Maupin, der zehn Jahre zuvor einem ähnlichen literarischen Scherzkeks aufgesessen war. Die Erfahrung, im Roman *The Night Listener* beschrieben, erinnert in vielen Einzelheiten fatal an den LeRoy-Skandal. In beiden Fällen versteckte sich eine unglückliche, übergewichtige Frau mittleren Alters hinter dem misshandelten, aber schönen androgynen Jungen mit der mitleidheischenden Geschichte. Weil sie so eher Gehör fand? Darüber könnte man lange nachdenken. Und darüber, warum man so gern bereit ist, zu glauben, was das eigene Vorstellungsvermögen übersteigt.

Liberales Schuldgefühl? Egal, in San Francisco nimmt man die gelungene Hochstapelei viel gelassener zur Kenntnis als anderswo. Die Empörung hält sich in Grenzen: »Im Namen der Hipness ist man bereit, alles zu glauben«, sagte Armistead Maupin, durch Erfahrung weise.

Nicht zu mir, natürlich.

Sagte ich, ich hätte hier keine Schriftsteller kennengelernt? Ich wollte sagen, keine bekannten Schriftsteller.

»Was machst du?«

»Ich schreibe.«

»Cool! Ich auch.«

Jeder schreibt in San Francisco. Auf dem Spielplatz, im Bus und vor allem im Kaffeehaus. Schreiben ist hier weniger ein elitäres Unterfangen für Auserwählte als vielmehr ein Zeitvertreib für alle und jeden. Und das ist gut so. Dass ich in einem obskuren europäischen Kleinstaat (Sweden? Switzerland?) ein paar Bücher veröffentlicht hatte, setzte mich nicht von den anderen Kaffeehausschreibern ab.

In diesem Klima ist es nicht erstaunlich, dass ein verrücktes Unternehmen wie der National Novel Writing Month ausgeschrieben wird. Dieses alljährliche Abenteuer entstand aus dem Tagtraum eines arbeitslosen Progammierers: Warum nicht mal einen Roman schreiben? Warum nicht in einem Monat?

Im ersten Jahr machten neun seiner Freunde aus San Francisco mit, heute sind es über fünfzigtausend, über die Kontinente verteilt.

»Das mache ich«, sagte meine Freundin Liz Alward, die hauptberuflich in einem Orchester auf die Pauke haut. Liz hatte zwar noch nie einen Roman geschrieben, doch sie verfügte über einen gewissen Heimvorteil: Sie lebte nämlich am Dashiell Hammett Place Nummer 9, in dem Haus, wenn nicht der Wohnung, in der sich der Privatdetektiv und Kriminalautor von Tuberkulose erholt hatte. Es ist eine kurze Straße – grundsätzlich sind die kürzesten und düstersten, nach Katzenpisse stinkenden Sackgassen und Hinterhöfe nach Schriftstellern benannt –, die außerdem so steil ist, dass sie betoniert werden musste. Der Teer wäre nämlich den Hügel hinuntergerutscht, bevor er trocken gewesen wäre. Es ist nicht überliefert, was Dashiell Hammett hier geschrieben hat. Und auch Liz schreibt nicht zu Hause, sondern im Kaffeehaus.

Einen ganzen Monat lang zogen wir von einer temporären Schreibstube zur nächsten, bis wir eine fanden, die uns am meisten zusagte. Wir wurden zwar beide nicht fertig mit unserem Novemberroman, doch ich fühlte mich wohl im Café, unter verwandten Seelen in der Nicht-Szene der Nicht-Literaten. In der es keine Intrigen gab und keine Eifersüchteleien, allenfalls ein Gerangel um die nächste verfügbare Steckdose für das Computerkabel.

Unser liebster Schreibort war allerdings nicht das traditionelle Caffe Trieste mit seinen wackligen, für ledergebundene Notizbücher konstruierten Tischen, sondern das North End Café, dessen Besitzer Joseph Parrilli als Kind auf den Knien seiner Dichtermutter im Trieste gesessen hatte und sein Café als Hommage, als moderne Version verstehen will. Wo es Stecker für Laptops gibt, zum Beispiel.

Das lässt Herb Gold nicht gelten: »Die Boheme existiert nicht mehr«, murrt der letzte überlebende Beat-Poet, der seit fast fünfzig Jahren in North Beach lebt und nicht nur seine früheren Dichtergenossen vermisst. Oder das Lokal, in dem er mit Allen Ginsberg für insgesamt siebenundsechzig Cents zu Mittag gegessen hatte. »Wir brauchen rotweiß karierte Tischtücher, billige Pasta und billigen Wein in bauchigen Flaschen!«

Beides wird immer seltener in diesem Viertel, das wie alle Stadtteile San Franciscos immer teurer und immer schicker wird. Herb Gold, der Meister der wunderbaren Buchtitel (*She Took My Arm As If She Loved Me*), bringt es so auf den Punkt: »Von meinem North Beach sind nur City Lights und das Trieste geblieben. Das sind die Ankerpunkte meines Lebens!«

Herb Caen saß bei **Enrico's** auf der Terrasse, sah sich die vorbeischlurfenden Intellektuellen an und sagte: »Look at them, they're beat! They're beatniks!« Der Rest ist Geschichte. 504 Broadway, Tel. 415-982 6223.

Im Buchladen **City Lights Books** finden die Lesungen im Keller statt – einfach den Stimmen folgen. Immer noch wird dazu Rotwein ausgeschenkt. 261 Columbus Avenue, Tel. 415-362 8193, www.citylights.com.

Die dort erstandenen Notizbücher kann man dann im **Caffe Trieste** vollkritzeln. 609 Vallejo Street, Tel. 415-982 2605, www.caffetrieste.com.

Wer allerdings lieber auf einem Laptop arbeitet, versuche im **North End Café** eine Steckdose zu ergattern. 1402 Grant Avenue, Tel. 415-956 3350.

Im **Brainwash Café and Laundromat** kann man, während nebenan die Wäsche in der Maschine rumpelt, neue Slamdunk-Poeten entdecken, die sich jeden Donnerstag vors Mikrofon wagen. 1122 Folsom Street, Tel. 415-861 3663, www.brainwash.com.

Schriftsteller **Dave Eggers** erfüllte sich in der **826 Valencia Street** einen Bubentraum: einen Laden für Piratenbedarf. Im Hinterzimmer finden Schreibkurse für Schulkinder statt. Tel. 415-642 5905, www.826valencia.org.

Don Herron führt seit 1977 wöchentliche Führungen auf den Spuren von **Dashiell Hammett** durch. www.donherron.com.

Letzter bekannter Aufenthaltsort des Hippie-Spirits

»Wir tanzen auf der Kante der Welt«, sangen die Ureinwohner der Bay Area, die Ohlone-Indianer. Es ist die einzige Zeile, die von diesem Volk überliefert ist, sein Wesen in einen Satz gepresst.

Die Kante der Welt, der westlichste Punkt des Kontinents, wo sich der Boden unter den Füßen ständig verschiebt, wo der sanfte Nebel die Konturen verwischt, wo nichts ist, wie es scheint, wo einem gar nichts anderes übrig bleibt, als sich ganz auf sein Gefühl zu verlassen. Seine Meinung zu ändern. Fehler zu machen.

San Francisco war von jeher Anziehungspunkt und sicherer Hafen zugleich für Außenseiter und Andersdenkende, die in diesem Land der Freien sonst keinen Platz fanden. Wo sonst auf der Welt hätte der Summer of Love stattfinden sollen? Wo sonst hätte dieser Geist weiterleben sollen als hier, wo er begonnen hat, im Haight-Ashbury District? Im pfannenstielartigen Ausläufer des Golden Gate Park, »panhandle« genannt, in dem die Blumenkinder barfuß tanzten?

Jugendliche Ausreißer aus aller Welt kommen deshalb auch heute noch hierher. Doch was finden sie vor?

Die Hippie-Bewegung war eigentlich eine Weiterentwicklung der Beat-Generation. »Man hat LSD und elektrische

Gitarren hinzugefügt«, meinte Lawrence Ferlinghetti etwas spöttisch. Der Schauspieler Peter Coyote erinnerte sich an die legendären Diggers, eine Theatertruppe, die den Free Store gegründet hatte, einen Laden, in dem alles gratis war und die Schauspieler in die Rollen der Angestellten schlüpften. »Die Leute kamen rein und fragten: ›Wer ist hier zuständig?‹ ›Du bist zuständig‹, antworteten wir. Also hatte man die Wahl, man konnte einfach dumm herumstehen, oder man konnte sagen: ›Oh, o. k., dieser Laden ist der reinste Saustall, machen wir hier mal sauber.‹ Und dann machten sie sich an die Arbeit. Es war ein Geschenk der Vorstellungskraft, und wenn du es fallen ließest, konntest du niemand anderem die Schuld dafür geben als dir selbst, nicht den Bullen, nicht der Gesellschaft, niemandem. Rückblickend war es eigentlich eine vierjährige Dauerperformance, die eine Diskussion über Macht und Geld und Klasse und Status anstoßen wollte.«

Musik, Kleider, Drogen und vor allem: geistiger Widerstand – das sind die Überbleibsel der Hippie-Ära. Hier in San Francisco leben sie weiter. Auch die Einstellung zur Ernährung. Dass es in San Francisco heute noch überall »echte«, naturbelassene Nahrungsmittel zu kaufen gibt, ist auf die Lebensmittel-Kooperativen der Hippies zurückzuführen.

»Wenn du erst auf Speed bist, kommt dir industriell verarbeitetes Fleisch ziemlich widerlich vor«, begründete das absolut einsichtig Jackie Wilson, Mitinitiatorin der »Food Conspiracy«-Kooperative.

»Doch sonst haben wir auf der ganzen Linie versagt«, bilanzierte nüchtern Peter Coyote, inzwischen Hollywood-Schauspieler.

Sucht man heute die Spuren der Blumenkinder, so sollte man sich von Stan Flouride durch die Stadt führen lassen. Sein Künstlername ist von der chemischen Bezeichnung für die Fluorverbindung abgeleitet. In Wirklichkeit heißt er Kevin und kommt aus dem Mittleren Westen. Seit Jahrzehnten lebt er im Haight-Ashbury District, den er mit der Inbrunst der Zugezogenen liebt, wie überhaupt seine frei gewählte Stadt, deren Plan er auf seine Brust tätowiert hat, auf die linke Seite, direkt übers Herz. Er ist Hausmeister, Porno-Autor, Erfinder, Verkäufer in einer Eisenwarenhandlung und außerdem Hexenmeister. Als Wicca-Priester huldigt er einer Göttin namens Yara, deren Abbild er auf seine Wade hat tätowieren lassen, und gehört einem Hexenzirkel an. Als einziger Mann. Und er ist Fremdenführer. Hin und wieder führt er Interessierte auf den Spuren der Hippies durch sein Viertel. Er zeigt ihnen dann, auf welchem Stück Bürgersteig Janis Joplin betrunken zusammengebrochen war und wo Jerry Garcia sich übergeben hatte.

Doch der Hippie-Spirit kommt einer nostalgischen Touristin wie mir schnell einmal überkommerzialisiert vor. Er scheint nur in T-Shirt- und Souvenirshops und in barfuß bettelnden Jugendlichen weiterzuleben. Die horrenden Lebenskosten hätten die Freigeister vertrieben, ließ ich mir sagen, über die Golden Gate Bridge und immer weiter in den Norden hinauf. Und so machte ich mich auf die Suche nach dem wahren Geist von *Hair*.

Nicht alle Straßen führen nach Bolinas. Eigentlich nur eine, und wenn es nach den knapp neunhundert Bewohnern dieses kleinen, unbeugsamen Asterix-Dorfes ginge, sogar gar keine.

Seit über dreißig Jahren schrauben sie konsequent jedes neu angebrachte Straßenschild wieder ab. Irgendwann haben die Behörden aufgegeben: die T-Gabelung am berühmten Küstenhighway 1, kurz nach Stinson Beach, ist schilderlos.

> »Bolinas sits on the ground
> by the sea, sky
> overhead.«
>
> Robert Creeley

Ich kam morgens um zehn in Bolinas an, da schepperten schon die Grateful Dead aus Smiley's Schooner Saloon, einem der ältesten Kaliforniens, established in 1851. Das Coast Cafe gegenüber hatte noch geschlossen, aber am Strand wurde Espresso ausgeschenkt. Die mehrfach gepiercte Kellnerin erzählte, dass es heute früh schon Ärger gegeben habe. Einer der ins Straßenbild integrierten Obdachlosen wollte nicht glauben, dass der Tankwart kein Gras verkauft. »Der Sheriff schrie rum: ›Ich will kein Drama hier! No fucking drama!‹ ›Dude‹, habe ich zu ihm gesagt, ›du musst atmen! Atmen, Dude!‹«

Zwei ältere Künstler in Arbeiterstiefeln (oder Arbeiter mit Künstlerschals) traten aus dem Smiley's, um eine Zigarette zu rauchen. Bolinas ist zwar nicht eingemeindet, aber die drakonischen kalifornischen Antirauchergesetze werden auch hier buchstabengetreu eingehalten.

Gleich neben dem Coast Cafe stand ein öffentlicher Gebetsschrein, gespickt mit herzzerreißenden Bitten auf knallrosa Post-it-Zetteln. »Let the reunion with my mother be peaceful.«

Zwei Häuser weiter traf sich der MOB, Mainstreet Mothers Opposing Bush, zum Briefeschreiben und Schmuckbasteln. Dazwischen ein leeres Grundstück, Bill's Garden, ein trockener Flecken Gras, den die Gemeinde zum Andenken an den obdachlosen Bill Spessard gekauft hatte, ein ehemaliger Schauspieler, der in seinen letzten Lebensjahren da kampiert hatte.

Bolinas hängt an der Südspitze der Point-Reyes-Halbinsel, westlich der Andreas-Spalte, als könnte es jederzeit ins Meer fallen. In den fünfziger Jahren des zwanzigsten Jahrhunderts zogen die ersten Beat-Poeten in das einst blühende Fischer- und Holzfällerdorf. Hippies und Biobauern folgten. Anfang der siebziger Jahre war Bolinas zum »wahren Dichterghetto« geworden. Oder, wie es ein Politiker ausdrückte: »Zu einer Irrenanstalt, die von den Insassen geleitet wird.«

Immer noch ist eine Mauer am Strand für Gedichte reserviert. »Alles, was nicht Poesie ist, wird entfernt«, warnt jedoch die inoffizielle Literaturpolizei an der Poet's Wall.

1971 riss eine Ölpest die Einwohner aus ihren blauen Träumen – sie gründeten den Bolinas Community Public Utility District, der die Funktion eines Stadtrats hat. Der BCPUD beschloss als Erstes eine Wasserbeschränkung, die bis heute nicht aufgehoben worden ist. Es werden noch immer keine neuen Wasseranschlüsse bewilligt, um so einen Bauboom zu verhindern.

Der BCPUD gibt, ebenfalls seit 1971, die *Hearsay News* heraus, eine dreimal wöchentlich erscheinende Lokalzeitung, die kompromisslos alles druckt, was ihr mündlich zugetragen wird.

»Es war toll«, erinnerte sich der Dichter Lewis McAdams, der auch einer der ersten Redakteure von *Hearsay News* war. »Wir kamen um halb elf in die Redaktion, tranken Kaffee mit Brandy, rauchten Joints und warteten einfach, bis jemand reinschaute und uns was erzählte. Das tippten wir dann ab. Mittags um eins war die Zeitung fertig, um fünf hatte jeder in Bolinas ein Exemplar. Wir verdienten jeden Morgen zwanzig Dollar und waren immer total blau.«

In den *Hearsay News* findet sich noch heute eine wilde Mischung aus persönlichen Berichten, Horoskopen, Kleinanzeigen, Ankündigungen, Aufrufen, natürlich Gedichten und Geschichten über den »G-Punkt von Bolinas« zum Beispiel, über ein rosa Herz, das auf die Hauptstraße gemalt worden war und an die Proposition G erinnerte, eine Art Gesetzeseingabe, die die obdachlose Jane tatsächlich vor den Stadtrat gebracht hatte. »Bolinas soll eine ökologisch anerkannte, naturliebende Stadt sein, denn das Wasser aus den Seen, die Heidelbeeren und die Bären zu lieben heißt nicht, Hotels und Motorboote zu hassen. Vorübergehend und zur Rettung des Lebens, der Stinktiere und der Füchse (Flugzeuge über dem Ozean) und zur Verschönerung«, forderte Jane, die sich auch Dakar nennt und seit zwanzig Jahren mit einer Kriegsbemalung aus Schokolade und einem Turm wilder Zotteln in den Büschen lebt und zur Gründung der Kultband Don't Kill Jane inspirierte. Niemand verstand Janes Anliegen wirklich, doch der Stadtrat beschloss trotzdem, sie ernst zu nehmen. Weil man Janes Gefühle nicht verletzen, und das eigene Karma nicht gefährden wollte.

Waren sie alle so in Bolinas?, fragte ich mich, als ich durch die Stadt spazierte. Bis ich plötzlich vor dem 2 Mile Surf Shop stand. Nick Krieger, der sommersprossige, schlaksige Besitzer des Ladens, der nach dem verschwundenen Straßenschild »Bolinas 2 Miles« benannt war, hatte wenig Geduld für solche Sentimentalitäten, wie er mir dann erzählte. Dass er in Bolinas aufgewachsen war, schützte ihn nicht vor dem Zorn der Alteingesessenen, die ihm übel nahmen, dass er Surfstunden für »Außenseiter« anbot und auf seiner Homepage gar eine Wegbeschreibung angab. Eine Wegbeschreibung!

»Ich mag es eben, wenn Leute am Strand sind und das Café voll ist«, sagte er beinahe trotzig.

Nick lebte mit seiner Freundin in einer selbst gezimmerten Hütte auf dem Grundstück der Eltern. Denn Mietwohnungen gibt es nicht in Bolinas, und Häuser, selbst baufällige, sind nur selten und nicht unter einer Million Dollar zu haben. Wer nicht bei den Eltern unterschlüpfen kann, zieht – schweren Herzens – weg. Die Schule, die Nick besucht hatte, müsse bald schließen, erzählte er.

Barfuß kam Nicks Vater Rodney in den Laden, griff sich ein Brett, trat von einem Fuß auf den anderen: »Wann kommst du?« Rodney war in Mill Valley aufgewachsen, einem der vielen Millionärsorte in Marin County, auf der Nordseite der Golden Gate Bridge. Damals war es ein Handwerkerdorf. Rodney ist Zimmermann. Einen wie ihn konnten die Hippies brauchen. Er kaufte seinen Grund, baute sein Haus selbst, übernahm vom Künstler-Lifestyle, was ihm behagte. Hörte mit fünfzig auf zu arbeiten. Jeden Tag kam er in den Laden und überredete seinen Sohn, mit ihm zum Surfen zu gehen.

»Es ist ein gutes Leben.«

Doch Nick würde es ihm nicht übel nehmen, wenn auch er sein Grundstück eines Tages für ein paar Millionen verkaufte und sich irgendwo zur Ruhe setzte.

»Seien wir realistisch: Das ist eine unverhoffte Altersvorsorge für Leute, die sich nie um so was gekümmert haben.« Er zuckte die Achseln.

Auf dem Heimweg fuhr ich an der Schule vorbei, die Nick damals besucht hatte, als es in Bolinas noch Kinder gab, einem weiß gestrichenen Holzbau mit Türmchen, eine richtige Bilderbuchschule, die wohl bald geschlossen werden musste. An der Abzweigung fiel mir das Schild auf, irgendjemand hatte es wieder angeschraubt: »Bolinas 2 Miles.«

Die stillen Tage von Bolinas sind gezählt. Bald wird es eine Wochenendenklave der Reichen sein – wenn es nicht vorher ins Meer fällt.

Abstecher: Flower-Power

In San Francisco: Die meisten dieser Adressen werden auch auf der **Flower Power Walking Tour** abgeklappert – für besonders authentischen Genuss um Stan Flouride als Touristenführer bitten! www.haightashburytour.com. Die etwas komplizierten Regeln für die von ihm entwickelte **Random Tour** kann man hier nachlesen: http://tribes.tribe.net/random tour_sf. Ansonsten lässt sich selbiger immer gern von der Arbeit in der Eisenwarenhandlung **Roberts Hardware Store** ablenken oder bei einem Kaffee zu seiner Stadt und seinem Viertel ausfragen. 1629 Haight Street, Tel. 415-431 3392, www.robertshardware.com.
Die Zimmer im **Red Victorian Bed, Breakfast and Art** sind derart psychedelisch dekoriert, dass ein Flashback droht. 1665 Haight Street, Tel. 415-864 1978, www.redvic.com.
Das Kino selben Namens, **The Red Vic Movie House**, bietet nicht nur alternative Filmkunst, sondern auch, als

vermutlich einziges Kino in der Stadt, hefefreies Popcorn an. Ich wusste gar nicht, dass Hefe im Popcorn drin ist, aber ohne ist es bestimmt gesünder! Und kracht wohl auch weniger. 1727 Haight Street, Tel. 415-668 3994, www.redvicmoviehouse.com.

Pilger- und Wallfahrtsort für Deadheads jeden Alters ist das Haus an der 710 Ashbury Street, in dem die **Grateful Dead** zusammen mit wechselnden Bewohnern eine fröhliche Kommune führten. Grateful-Dead-Merchandising wird in Form von T-Shirts, Mützen, Posters und sogar Beanie-Babys verkauft: **Haight-Ashbury T-Shirts** in der 1500 Haight Street, Tel. 415-863 4639, www.haightashburymerchants.com. Der älteste Head-Shop der Stadt heißt passend **Pipe Dreams** und verkauft alles, was man braucht, um seine Träume in Rauchform zu genießen. 1376 Haight Street, Tel. 415-431 3553.

Auch im **Café International** werden zu jedem beliebigen Zeitpunkt Gedichte und Drehbücher geschrieben und kleine Kinder mit ökologisch unbedenklichen Gesundheitskeksen gefüttert. 508 Haight Street, Tel. 415-552 7390.

In Bolinas: John Moore stellt die berühmten Mystic Boards her, die Nick Krieger in seinem Laden **2 Mile Surf Shop** verkauft, neben Taucheranzügen, Bikinis und T-Shirts. Surflektion in kleinen Gruppen, 50 $ pro Person. 22 Brighton Avenue, Tel. 415-868 0264, www.2milesurf.com.

Einer der ältesten Saloons in Kalifornien ist **Smiley's Schooner Saloon & Hotel** mit einfachen, aber gemütlichen Gästezimmern, allerdings direkt über der Bar. Auf Anfrage werden legendäre Geburtstagspartys organisiert.

41 Wharf Road, Tel. 415-868 1311, www.coastalpost.com/smileys/.

Das **Coast Cafe** ist der Treffpunkt in Bolinas. Einfache, aber gute amerikanische Küche mit »veggie-bio-twist«, nette Bedienung. 46 Wharf Road, Tel. 415-868 2298, www.bolinascafe.com.

SUCH A STRANGE
VIBRATION

Vom Recht, im Pyjama zu leben

Ich lag auf der Couch, als das Telefon klingelte. Es war kurz nach neun am Abend. Cyril war schon im Bett, Lino machte seine Schularbeiten. Im Fernsehen brauste Don Johnson in seinem gelben Sportwagen über die Hügel meiner Stadt.

»Hello?«

Es war Alice. Sie erinnerte mich daran, dass ihr Mann heute mit seiner Band im Bottom of the Hill auftrat, einem Nachtclub etwas weiter unten in meiner Straße.

»Kommst du?«

Ich gab Lino Bescheid, schlüpfte in meine Schuhe und ging los. Erst als ich schon halb den Hügel hinunter war, fiel es mir ein: Ich hatte ja schon meinen Pyjama an. Oder immer noch?

Egal. Ich ging weiter, ließ mir am Eingang die Hand abstempeln und betrat den Club – etwas, das ich seit Jahren nicht mehr getan hatte und garantiert noch nie im Pyjama.

Der Club war schlecht beleuchtet und brechend voll. Alice sagte: »Coole Hose.« Und ihre Mutter: »Du bist immer so gut angezogen, Sweetie. Ihr Europäer habt einfach Stil.«

Es gab viele Gründe, warum ich gern in San Francisco lebte. Offizielle Gründe: die atemberaubende Natur, die international-orangefarbene Brücke, die inspirierende Mischung verrückter Menschen aus allen Erdteilen. Aber in Wahrheit ist es etwas anderes. Etwas Unerwartetes, etwas, das ich nur schwer wieder aufgeben könnte: die Freiheit, den ganzen Tag im Pyjama zu bestreiten. Und immer noch als äußerst elegant durchzugehen.

San Francisco ist vermutlich die gemütlichste Stadt der Welt – und garantiert die uncoolste. Die Schuhabteilungen teurer Warenhäuser, die in anderen Städten »Sex and the City«-Stöckel verkaufen, führen hier nur eine kleine Auswahl vernünftiger Treter, in denen man gefahrlos über die Hügel klettern kann.

»Wenn es einen weniger modebewussten Ort auf der Welt gibt«, jammerte ein italienischer Designer, der seine Boutique in der Innenstadt schließen musste, »dann kenne ich ihn nicht.«

San Francisco hatte nie eine Chance: Zuerst waren da die Goldgräber in ihren groben blauen Latzhosen, dann kam der Summer of Love mit blumenstreuenden Hippies in Häkelwesten. Die Internetkapitäne brachten vorübergehenden Reichtum und neuen Respekt für beige Schlabberhosen. Heute stellen Faserpelz und Turnschuhe die geschlechtsneutrale Uniform für Arbeit, Freizeit und Opernbesuch, zu jeder Gelegenheit mit einer Baseball-Kappe kombinierbar.

Besuch aus Zürich. Meine Freundin hatte einen großen Koffer voller viel zu dünner Kleider mitgebracht. Es ist ein weitverbreiteter Irrtum, zu glauben, San Francisco liege im sonnigen Teil von Kalifornien – und das ist auch der

Grund, warum jeder Souvenirshop Faserpelze im Angebot führt.

Am ersten Abend saßen wir auf dem Sofabett und wühlten durch ihre kunstvoll geschnittenen Designer-T-Shirts, ihre knallbunten Wickelröcke.

»So trägt man das jetzt«, sagte sie.

So etwas hätte ich früher auch gewusst. Jedes Mal, wenn wir ausgegangen waren, zum Thai-Restaurant, zum Frühstück bei Freunden, zum Drink in die freundliche Bar um die Ecke, brauchte sie eine Vorwarnung von mindestens neunzig Minuten.

»Wo gehen wir hin? Wie sieht es da aus? Was ist das für eine Szene? Soll ich dies hier anziehen oder lieber das? Was meinst du?«

»Es ist kalt«, sagte ich dann. »Nimm den Faserpelz.« Ich klang schon wie meine Mutter.

In einer Kiste unter dem Bett dämmerten meine Designerfähnchen aus den frühen neunziger Jahren ihren Dornröschenschlaf. Hin und wieder schüttelte ich eines aus, um zu sehen, ob es noch passte, zog es an, führte es aus, freute mich an seinem Schwung. Es waren schöne Teile, und sie hatten mir einmal viel bedeutet. Ein Gefühl von Sicherheit verliehen. Im Bewusstsein, die richtigen Kleider zu tragen, konnte ich mich entspannen. Wenigstens für einen Augenblick. Manchmal war es passiert, dass mich mitten am Tag das Designerfell zu jucken begann und ich ein neues brauchte. Jetzt! Hier! Sofort! So unerträglich war das Gefühl, zur falschen Zeit im falschen Gewand dazustehen.

So hatte mich zum Beispiel auf dem Weg zu einer Verabredung plötzlich die Gewissheit überfallen, dass die Hose nicht richtig saß. Dem Anlass nicht angemessen war. Außerdem über dem Knie etwas schmuddelig. Der Puls stieg, die Brust wurde eng, Blick auf die Uhr. Zu wenig Zeit, die Läden schon geschlossen, außer im Hauptbahnhof, wo ich im Sportgeschaft (einem Sportgeschäft!) einen erstaunlich teuren Wickelrock erstand, der zum Wandern empfohlen wurde (Wandern!). Ich zog ihn dann in der öffentlichen Toilette an. Die Hose passte nicht in die Handtasche, mit der Plastiktüte vom Sportgeschäft konnte ich mich nicht erwischen lassen, ich rollte alles zusammen und stopfte es in einen Papierkorb. Dabei schaute ich verstohlen über die Schulter. Hoffentlich hatte mich niemand gesehen.

Nicht, dass es im Restaurant einen Unterschied gemacht hätte, worin meine Beine steckten, die unter der Tischdecke verborgen waren. Nicht, dass ich mich deutlich wohler gefühlt hätte. Mein Fix hielt nicht länger als irgendein anderer.

Im Pyjama passierte einem so was natürlich nicht …

Staunend saßen wir auf Steiners Couch, meine Züricher Freundin und ich. Mitten im Partygewühl stand plötzlich ein übergewichtiger Mann in mittlerem Alter auf, in schlecht sitzender Polyesterhose, mit angeklatschtem Haar und unreiner Haut.

»Typ schmuddeliger Hausmeister«, schnödeten wir, »schau dir den an!«

Überhaupt war die Gesellschaft irritierend gemischt: Menschen jeden Alters in Cocktailkleidern oder Trainingsanzügen. Eine magere junge Frau mit Drachentätowierungen erzählte von ihrer Ausbildung zur Pfarrerin, ein langer Lulatsch im Google-T-Shirt von seinen Erfolgen mit den Aktien ebendieser Firma. Der Hausmeister ging zur Stereoanlage und legte brandneue, vom Internet abgekupferte Musik auf. Gespräche brachen ab, Köpfe wippten, Schultern zuckten, die in zwei verschiedenen Schuhen steckenden Füße eines weißhaarigen Mannes tappten übers Parkett. »So können einen die Zwerge nicht einholen«, hatte er mir erklärt. Und ich hatte ihn als verrückt abgeschrieben. Den Mathematik-Professor aus Stanford.

In Zürich trägt niemand nicht zueinanderpassende Schuhe. Zürich ist eine äußerst modebewusste und wohlhabende Stadt. Eine Stadt, in der man sich in klar definierten Szenen bewegt, wo man eher in einer kleinen Mietwohnung lebt und aufs Auto verzichtet als auf den gerade aktuellen japanischen Denim.

Züricher begegnen einander mit einem prüfenden Blick, der unbestechlich von unten nach oben wandert. Die Schuhe zuerst, das spart Zeit, denn mit jemandem, der die falschen Schuhe trägt, wird man sich gar nicht länger abgeben. Wer sich am Hauptbahnhof in klobigen Absätzen erwischen lässt, muss erst einmal zwei Wochen lang in Quarantäne. Der Blick schweift höher, abschätzend, abwägend, zur Hose.

Einmal im Monat wird ein neues Jeans-Modell an die Einwohner ausgehändigt und flächendeckend getragen. Von den Schülerinnen in kichernden Trauben über die Kassiererinnen im Supermarkt bis zu meiner Großmutter – alle tragen die gleichen matrosenweiten, dunklen oder knallengen Jeans. Bis zum Stichtag, an dem sie eingesammelt und gegen ein neues Modell eingetauscht werden. Wer sich dann noch mit dem gestrigen erwischen lässt, wird als Vorstädter geoutet und mit hundert Schweizer Franken Bußgeld belegt.

Das Geld tut nicht weh, aber das Etikett: Vorstädter.

Das alles resultiert in einem überaus erfreulichen Stadtbild, das ist aber auch ganz schön anstrengend. Und einsam:

In Zürich kann man beobachten, dass auf die bedeutungs-
volle Frage »Gehen wir noch wohin?« mit stimmungs-
tötenden Gegenfragen geantwortet wird: »Ja, wo genau
meinst du? In welcher Szene verkehrst du denn so?«

Lieber allein bleiben, als am falschen Ort zur falschen
Zeit erwischt werden. Oder gar in falscher Begleitung.

In Zürich haben einen die Zwerge schon eingeholt.

Es ist also durchaus ein großer Schritt für jemanden wie
mich, die ich so lange in Zürich gelebt hatte, die Zwänge,
denen ich mich bisher unterworfen hatte, einfach abzulegen. Im Pyjama einen Nachtclub aufzusuchen, ohne mich
wie meine Schweizer Freundin zu fragen, wer sonst noch da
sein würde und was die wohl anhaben könnten.

Diese Freundin übrigens seufzte am Ende ihres Aufent-
halts glücklich: »Das absolut Schönste war, zwei Wochen
lang keine coolen Menschen sehen zu müssen!«

»Die Beschäftigung mit dem Konzept der Coolness ist
zutiefst adoleszent«, antwortete der nette Anwalt Ted in
Six Feet Under auf Claires Bemerkung, er sei der uncoolste
Mensch, der ihr je begegnet sei.

Eine Aussage, die genauso gut auf San Francisco zutrifft.
Und die Antwort auch.

Abstecher:
Wenn man sich in Schale werfen möchte ...

Da ist einmal der beglückende **Dance-along Nut-
cracker**, ein beliebtes Fundraising-Konzert der **San
Francisco Lesbian/Gay Freedom Band**, zu dem

zwischen den Stuhlreihen getanzt wird. Das Publikum ist eine wilde Mischung aus kleinen Kindern, erdmutterhaften Wesen in Flatterschals und Männern mit haarigen Waden unter dem Ballkleid. Ein Tutu ist de rigeur, kann aber auch geliehen werden, ebenso wie eine Glitzer-Tiara und ein Feenstab – Accessoires, die auf die Psyche Wunder wirken. Jeweils im Dezember, Informationen unter: www.sflgfb.org.

Jetzt mal ehrlich: Wer hat noch nie von einem richtig schönen **Meringue-Brautkleid** geträumt? Das Leben gibt einem nicht immer die Gelegenheit dazu. Deshalb treffen sich alle Möchtegernbräute einmal im Jahr im Kleid ihrer Träume zum »**Brides of March**«-Umzug. Ja, natürlich sind auch Herren zugelassen. www.bridesofmarch.org.

Zur **Oscar-Party** der lokalen Filmkritikerin Jan Wahl im **Pan Pacific** tragen die Gäste verrückte Hüte – das Wahrzeichen der Gastgeberin. Informationen unter: www.sfgate.com.

Wer dazu nicht eingeladen ist, geht ins **Balboa Theatre**, wo die Gäste die Oscars nicht nur auf der Leinwand verfolgen, sondern in der Lobby gleich auch mitspielen. Roter Teppich und Abendgarderobe inklusive. www.balboamovies.org.

Der traditionelle **Black and White Ball**, eine Veranstaltung zugunsten der San Francisco Symphony, findet nur alle zwei Jahre statt. Dazu trägt man, natürlich Schwarz und Weiß. www.bwball.com oder www.sfsymphony.org.

Wie Amerika versucht, mich das Fürchten zu lehren

Neu war es nicht, das gerade aktuelle Modeleiden. Es gehört zur amerikanischen Identität wie der gedeckte Apfelkuchen. Aber jetzt hatte das Syndrom auch einen Namen: Anhedonia oder die Unfähigkeit, Freude zu empfinden.

Nicht, dass sie je große Genießer gewesen wären, diese Nachfahren von Pionieren und Puritanern, die jede neue Einwanderergeneration zwangen, ihre Lebenslust abzulegen und gegen Arbeitseifer einzutauschen. Aber immerhin hatten sie im Rahmen ihrer Strebsamkeit Einrichtungen wie den Drei-Martini-Lunch, das Dampfbad-Meeting und die Geschäftsreise in Begleitung eingeführt. Hatten Steaks serviert, die auf zwei Teller gelegt werden mussten, und freitags lächerliche Hemden nur zum Spaß getragen.

Alles vorbei. Plötzlich gab es nur noch die Arbeit. Die Arbeit und die Arbeit. Und keine Entschuldigung mehr: Geld musste rangeschafft werden, notfalls mit Gewalt (gegen sich selbst). Abends und an den Wochenenden abzuschalten wurde zum anrüchigen Konzept. Zum Mittagessen vom Schreibtisch aufzustehen gehörte sich ebenfalls nicht mehr. Feierabend wurde zu einem Fremdwort, wer zuletzt geht, hat gewonnen, selbst wenn man die letzten zwanzig Minuten nur noch Kontaktanzeigen im Internet liest. Ob unter dem Strich mehr gearbeitet wurde als zuvor, sei dahingestellt.

»Alles Clintons Schuld«, behauptete ein Kolumnist im *San Francisco Chronicle* vermutlich im Ernst, »er hat die Nation in den Arbeitswahn getrieben, er, mit den Augenringen, den nächtlichen Sitzungen, der Hundert-Stunden-Woche. Ganz zu schweigen davon, dass er der Idee der folgenlosen Büroaffäre ein für alle Mal den Garaus gemacht hat.«

Mit George »Dubya« Bush, dem fröhlichen Texaner, hätte das ja eigentlich besser werden sollen. Man konnte ihm vieles vorwerfen, dem mehr oder weniger gewählten Präsidenten, aber nicht übertriebenen Arbeitseifer. Staatskrise oder nicht, »Dubya« ging um neun Uhr abends ins Bett. Statt nächtelanger Sitzungen pflegte er den morgendlichen Dauerlauf und den Schönheitsschlaf.

Nur Spaß hatte immer noch keiner.

Und das, obwohl doch »fun« eigentlich der übergreifende Imperativ des amerikanischen Zusammenlebens ist. »Fun, fun, fun!«, ist der Kampfruf.

Doch was heißt das überhaupt?

Spaß übersetzt es nicht genau. Freizeit auch nicht. Ein bisschen von beidem und etwas dazwischen und in Amerika unglaublich wichtig.

»To be fun« heißt unter anderem, kein Spielverderber zu sein, zu allem bereit zu sein, Pferde stehlen zu können. »To be fun« ist eines der größten Komplimente, eine der wichtigsten Eigenschaften, besonders für eine Frau. »To be fun« ist definitiv wichtiger, als schön und vielleicht sogar als reich zu sein.

»Fun«. Ich glaube nicht, dass das in der Schweiz vorgesehen ist.

Flashback: ein Grüppchen Teenager in der Züricher Schulkantine. Die Haare hingen uns ins Gesicht, wir trugen selbst gestrickte Pullover mit zu langen Ärmeln und riesigen Ausschnitten. Wir aßen wenig. Rauchten dafür Kette. Selbst gedrehte. Was soll ich sagen: Es war eine Mädchenschule – es wurde Wert auf Handarbeit gelegt.

»Mein Vater war so sauer gestern«, sagte eines der Mädchen. »Ich habe Hausarrest bis zum Jahresende!«

»Das ist noch gar nichts: Mein Vater hat mich geschlagen. Schaut nur, hier, die blauen Flecken.« Schob den Pullover hoch.

»Ja, schlimm, hmm. Aber meiner hat mich rausgeworfen. Echt. Mein Freund und ich nehmen den Zug nach Italien. Gleich nach der Schule. Sagt aber niemandem was!«

Wir übertrafen uns gegenseitig mit düsteren Anekdoten, wir arbeiteten an unserer Biografie. Und die hatte gefälligst tragisch zu sein. Tragisch gleich intensiv gleich bedeutungsvoll.

»Fun«? Wäre für uns undenkbar gewesen.

Kein Wunder, dass ich mich manchmal in San Francisco ziemlich fremd fühlte: Wenn ein befreundetes Paar sein erstes kinderfreies Wochenende seit Jahren ausgerechnet in Disneyland verbringen wollte und ausgeklügelte Pläne schmiedete, in welcher Reihenfolge die Bahnen abgeklappert werden sollten, um die Wartezeit möglichst kurz zu halten.

Wenn Mara den ganzen Dezember hindurch einen Haarreif mit riesigen hysterisch blinkenden Rentierhörnern trug. Zur Arbeit, zum Einkaufen und zum Ausgehen. »Ich liebe nun mal die Adventszeit«, sagte sie. »It's so much fun!«

Wenn die anderen Mütter beim Schul-Basketball-Spiel von den Holzbänken hochsprangen und eine Art Cancan hinlegten, Hacken hoch und dazu Kampfrufe ausstießen. Dann genierten sich nicht nur ihre halbwüchsigen Söhne auf dem Spielfeld beinahe zu Tode, sondern ich mich mit.

»Hey, du kannst hier nicht einfach so herumsitzen, mit deiner Handtasche auf den Knien«, stießen sie mich mit dem Ellbogen an. »Du musst schon ein bisschen Teamgeist beweisen, sonst …«

… macht es keinen Spaß. Genau.

Und ich versuchte es ja auch, ich gab mir alle Mühe und benutzte das Wort »fun«, als wüsste ich, was es bedeutete, und sparte auch nicht mit Ausrufezeichen.

Dafür erntete ich oft ein leichtes Stirnrunzeln, einen winzigen Moment der Stille, bevor ich dann mit umso breiterem Lächeln der Aufmunterung belohnt wurde.

Der »fun«-Ton ist gar nicht so einfach zu treffen, den muss man üben, am besten von klein auf. Ebenso muss man fähig sein, »fun« zu finden, in jeder Lebenslage.

So wie Mara. Eines Tages gingen Mara, die die Rentierhörner abgelegt hatte und dafür nun eine Halskette aus Ostereiern trug, und ich an der Grundschule vorbei zum Eckgeschäft, als ein Ball über den Zaun geflogen kam. Während ich vor Schreck einen Satz zurück machte, hatte Mara den Ball schon aufgefangen. Doch statt ihn zurückzuwerfen, joggte sie auf den Schulhof und improvisierte gleich einen freundschaftlichen Ballwechsel mit den Kindern. Keine fünf Minuten später hatte sie mich wieder eingeholt, außer Atem, die Ostereier tanzten auf ihrer Brust.

»Wow«, sagte sie, »das hat jetzt aber wirklich …«

… Spaß gemacht. Richtig.

Dabei hielt Mara, wie die meisten meiner amerikanischen Freundinnen, die Vierzig-Stunden-Woche für ein Gerücht, sie musste mit einer Woche bezahlten Urlaubs pro Jahr auskommen, der meist für endlose Autofahrten zu verstreut wohnenden Verwandten draufging, sie war unter einem Schuldenberg begraben und musste bald einen zweiten Job annehmen.

Und doch gelang es ihr, aus jedem Tag einen Tropfen »fun« zu wringen, was mir manchmal wie ein Gewaltakt vorkam. Doch ebenso oft wünschte ich mir, ich hätte diese Gabe auch. Stattdessen jammerte ich, wie es in meiner Heimat Brauch war, genauso wie geregelte Arbeitszeiten, vier Wochen Ferien und obligatorische Krankenversicherung.

»Ich komm einfach zu nichts«, stöhnte ich. »Ich habe ü-ber-haupt keine Zeit für mich!!!«

»Zeit für dich?«

Das ist nun meinen amerikanischen Freundinnen so fremd wie mir das »fun«-Prinzip.

»Puritanismus entsteht aus der nagenden Angst, dass irgendwer, irgendwo, glücklich sein könnte«, schrieb der inzwischen verstorbene David Shaw, einst Medienjournalist bei der *Los Angeles Times*, in seinem Buch *The Pleasure Police*.

Mit der Angst, dass alles, was irgendwie Spaß macht, gleichzeitig gefährlich, krebserregend, dick machend und ganz allgemein »nicht gut für dich« sein könnte, leben die Amerikaner ja schon länger.

David Shaw fasste diese Ängste in seinem Buch zusammen: »Alkohol, Nikotin, Cannabis, Fett, Masturbation, Pornografie, Parfüm – alles wird früher oder später politisiert, verteufelt und schließlich verboten.« Ja, auch das Auflegen von Parfüm in öffentlichen Verkehrsmitteln ist reglementiert. Parfüm ist schließlich auch nichts anderes als ein chemisches Gift.

Je besser es ihnen geht, den Amerikanern, je kräftiger die Wirtschaft ist, je höher ihre Lebenserwartung, desto unsicherer werden sie, behauptete David Shaw. Desto leichter lassen sie sich einschüchtern und die Freude verderben, die Freiheit nehmen, die sie ständig beschwören. Sie schlafen mit dem Gewehr unter dem Kopfkissen und einem Ordner voller Versicherungspolicen im Safe und fühlen sich doch nicht sicher.

Es sind – abgesehen von der manchmal diffusen, manchmal konkreten und oft künstlich angeheizten Angst vor Terroranschlägen – vor allem zwei Phobien, die Amerika beherrschen: die Angst vor den »germs« und die vor der Schadensersatzklage. Letztere führt zu lustigen Mahnungen wie »Achtung – enthält heiße Flüssigkeit« auf dem Kaffeebecher. »Nicht zur Nachahmung empfohlen!« blinkt es auf dem Bildschirm, wo gerade drei Männer zu sehen sind, die in einer Autowerbung (nein, ich kann den Zusammenhang nicht erklären) Grizzlybären, die sich über den Picknicktisch hergemacht haben, verjagen.

Das Lachen vergeht einem, wenn einem bewusst wird, dass man diese alltäglichen Absurditäten gar nicht mehr wahrnimmt, dass man die daraus entstehenden Einschränkungen in Kauf nimmt. Zu den Teenagern ins Tretboot steigt, weil sie sich allein keines mieten dürfen, vor jeder Yogastunde eine Einverständniserklärung unterschreibt, ja, man nimmt zur Kenntnis, dass körperliche Betätigung Gefahren birgt und man von Schadensersatzforderungen absieht. Und eigentlich, wenn man es sich recht überlegt, geht man doch lieber einen Kaffee trinken. Obwohl natürlich Koffein auch »nicht gut für dich« ist.

Aber noch schlimmer ist die Angst der Amerikaner vor den »germs«. Kinder lernen schon in der Schule, nicht vom Sandwich des Freundes abzubeißen. »Because of the germs …« Wegen der … Was sind eigentlich »germs«? Krankheitserreger? Bakterien? Viren? Käfer?

Sofakissen und Vorhänge werden regelmäßig desinfiziert, die Hände mit Chirurgenseife geschrubbt, Mütter rennen mit Desinfiziertüchlein bewaffnet den Kindern und damit den »germs« hinterher, in einem endlosen Kampf, der nicht zu gewinnen ist, aber auch nicht aufgegeben werden kann.

»Germs« hindern die Amerikaner am Reisen, am Ausprobieren neuer Speisen, am Küssen. Ist es ein Zufall, dass »high fives«, ein flüchtiges Aneinanderklatschen der Handflächen, hier das soziale Küssen ersetzt? »Give me a hug« heißt: Umarme mich, aber nur Jacke an Jacke.

Ach, das Büro hingegen! Da weiß man, woran man ist, da ist es sauber, da ist es ordentlich, da gibt es Regeln für alles. Lieber noch ein bisschen länger arbeiten, man möchte schließlich immer ein größeres Haus, ein teureres Auto, eine bessere Schule für die Kinder. Und das ist doch der Sinn des Lebens: hart arbeiten und weiterkommen, immer weiter.

Nicht?

Vielleicht hatte es mit dem Einstürzen des Dotcom-Kartenhauses zu tun, dass erstmals Zweifel aufkamen an dieser uramerikanischen Tradition des Arbeitswahns.

Wer nur hart genug arbeitet, kann alles haben, alles erreichen. Vom Tellerwäscher zum Millionär, von der Kellerassel, mit der niemand ausgehen will, zum Hightech-Helden, right?

Das war doch die Abmachung. Und jetzt? Was soll das

heißen, all die Überstunden für nichts? Jahrelang unter dem Computerpult kampiert, wofür? Die »stock options«, statt Gehalt verteilt, sind nichts mehr wert. Beim Kündigen wird nicht gefackelt: Zehn Minuten kriegt der Durchschnittsdotcomer, um seinen Schreibtisch zu räumen.

»Jetzt nur nicht einbrechen«, sagte Josh, der weiter um fünf Uhr früh aufstand und ins Fitnesscenter rannte, sodass er, Stau auf der Brücke mit einberechnet, den Arbeitsbeginn um sieben Uhr dreißig gerade noch schaffen würde. Nur dass da kein Arbeitsplatz mehr auf ihn wartete.

Einmal setzte er sich in das Café, wo er sich sonst den Kaffee in den Thermosbecher hatte füllen lassen, der genau in einen Haltering im Auto passte. Er setzte sich hin und bestellte: Eier, Speck und Bratkartoffeln, ohne an Kalorien und Cholesterinwerte zu denken. Josh war siebenundzwanzig, aber man konnte nie früh genug anfangen, sich Sorgen zu machen. Kaffee mit Milch und Zucker und die Zeitung lesen. Da kam er sich ganz abenteuerlich vor. Aber auch ein bisschen verrucht, als ob er die Schule schwänzte. Denn wer sitzt um diese Zeit schon im Café? Versager, die keinen Job haben, alte Menschen, Touristen.

Sitzen bleiben, ausatmen, die Zeit verrinnen lassen. Nein, das tut man in Amerika nicht.

»Komm, wir schleichen uns weg«, flüsterte ich im Halbdunkel meiner Freundin Barb zu. Es war Samstag, und wir saßen pflichtschuldig in einer endlosen Schultheaterprobe unserer Kinder. »Im Kino unten an der Ecke zeigen sie *Bridget Jones*, die Fortsetzung!«

Einen Augenblick lang starrte sie mich an, als hätte ich Schweizerdeutsch gesprochen. Oder ihr einen unsittlichen Antrag gemacht.

Doch dann musste sie lachen: »Ach, ihr Europäer«, sagte sie kopfschüttelnd, »ihr seid solche Lebenskünstler!«

Zufrieden lehnte ich mich zurück: So etwas hörte man ja als Schweizerin doch eher selten. In Europa gelten wir als pflichtbewusste, leicht verbissene und Magengeschwüre kultivierende Arbeitsbienen. Neidisch schauen wir in den Süden, wo die reine Lebensfreude herrscht, wo am helllichten Tag geschlafen und nachts auf der Straße getanzt wird. Wo Läden stundenlang geschlossen bleiben, ebenso wie Fensterläden.

Früher hätte ich weder die Schweiz als ausgelassenen Hort der Lebensfreude noch mich selbst als besonders unbeschwerten Menschen beschrieben. Früher, vor der amerikanischen Erfahrung. Alles ist relativ, lehrt sie mich. Denn hier könnte ich fast schon Kurse anbieten: »Europäische Lebensart – leicht gemacht« oder »Müßiggang für Anfänger«. Sogar: »Jammern muss sein.«

»Heute habe ich an dich gedacht«, erzählte Kate bei einem unserer sonntäglichen Abendessen stolz. »Ich bin nämlich um acht Uhr früh schon aufgewacht, und die Sonne schien. Joggen? Ins Fitnessstudio? Ins Büro? Was würde Milena tun?, habe ich mich gefragt. Und dann bin ich einfach im Bett liegen geblieben und habe Zeitschriften gelesen, zwei Stunden lang!« Doch dann stellte sie schnell klar: »Nicht irgendwelche Klatschhefte, sondern den *New Yorker*!«

Natürlich gefällt es mir außerordentlich, auf einmal zum Vorbild an Lebenslust zu avancieren, die Unverkrampfte zu sein, die Sorglose, die morgens im Yogakurs die anstrengenderen Stellungen auslässt und stattdessen die Beine hochlegt. Auf die gut gemeinte Frage, ob ich heute schon Körpergifte ausgeschieden hätte, antwortete ich hoheitsvoll: »So etwas habe ich nicht.« Und den Blueberry-Muffin bestellte ich grundsätzlich nur in der fettreichen Variante.

Ach, seit ich mit elf am (intellektuellen, künstlerischen, linken) Familientisch die »*Chefarzt Dr. Holl*«-Heftchen zu lesen begann, war es nicht mehr so einfach, die Umwelt zu schockieren. Und höchst pubertär ist dann auch heute meine Freude daran.

Danke, Amerika.

Abstecher: In die genüssliche Dekadenz

Den Tag langsam angehen lassen, in einer Filmkulisse aus Tausendundeiner Nacht, mit einer vierhändigen Massage oder einem Strom aus Sesamöl auf das dritte Auge im üppig dekorierten **Ayurveda-Spa Kamala**. 240 Stockton Street, 7th Floor, Tel. 415-2177700, www.kamalaspa. com.

Dann im **Mandarin Oriental** eine Tasse Kaffee für vierzig Dollar trinken – oder das Gebräu **Kopi Luwak**, das irgendetwas mit Moschusochsen zu tun haben soll. Das stellt man sich besser nicht vor. Und schmeckt eigentlich auch nicht anders als ein Hazelnut-Latte bei … Sie wissen schon. 222 Sansome Street, Tel. 415-2769888, www.mandarinoriental.com/sanfrancisco/.

Chez Spencer ist eines der wenigen Restaurants in der Stadt, die politisch nicht korrekte Leckereien wie Kalbsbries, Hirschsteak und gebratene Gänseleber servieren. Der romantische Garten ist ein Geheimtipp. 82 14th Street, Tel. 415-8642191, www.chezspencer.net.

Aber der größte Luxus überhaupt ist, nichts sagen zu müssen: beim Vipassana-Meditations-Retreat im **Spirit**

Rock Meditation Center in Marin. Drei Tage bis vier Wochen Schweigen. Bücher müssen allerdings einge-schmuggelt werden. 5000 Sir Francis Drake Boulevard, Woodacre, Tel. 415-488 0164, www.spiritrock.com.

Das Recht zu scheitern

Die Kunst, eine Tasche zu verlieren, habe ich quasi zur Perfektion erhoben. Ich habe Reisetaschen auf Bahnsteigen stehen lassen, Boardingkarten im Duty-free-Shop zwischen Parfümflaschen gesteckt, ein in Leder gebundenes und mit Geldscheinen gespicktes Notizbuch auf dem Papierroller im Bahnhofsklo deponiert, eben gefüllte Einkaufstaschen an der Kasse im Supermarkt vergessen, einmal eine gerade erst gekaufte Designertasche aus Giraffenfell, die ich im Taxi eingeräumt hatte, auf dem Rücksitz liegen gelassen und dafür die alte, leere umgehängt.

Eine Therapeutin hatte mir einmal erklärt, die Tasche an sich sei ein Symbol der Weiblichkeit, doch was das bedeutete, dass ich die Tasche immer vergaß, was das über mich aussagte, darüber wollte ich lieber gar nicht erst nachdenken.

Auch in San Francisco ließ ich es mir nicht nehmen, eine Tasche zu verlieren. Genauer: eine Lunchbox. Sie fiel vom Fahrrad, als ich Cyril in den Kindergarten brachte. In der Lunchbox befanden sich außer einem halben Sandwich und einer Banane auch mein Geld, meine Schlüssel, meine Kreditkarten – einfach alles.

Ich erlebte meine fünfzehn Minuten, nicht des Ruhms, sondern der Sportlichkeit, als ich die Straßen entlang zurückradelte. Dann gab ich auf und verständigte die Kreditkarteninstitute, die mich schon an meiner Stimme erkannten. Verzweiflung. Jemand schlug vor, die Polizei anzurufen. Womöglich sei schon jemand in meine Wohnung eingebrochen, immerhin befänden wir uns in einer amerikanischen Großstadt.

Ich suchte die Telefonnummer der nächsten Polizeiwache in der 6th Avenue heraus.

»Ach, Sie sind's«, rief der Polizist mit vollem Mund, »eben haben wir die Banane aufgegessen. Brauchen Sie das Sandwich noch? Schlüssel? Brieftasche? Lassen Sie mich nachschauen – oh, hier ist ein Pfund Heroin, haben Sie das nicht vermisst?«

»Sind die Polizisten in der Fremde lustiger als die Freunde in der Heimat«, kommentierte mein Bruder später, »dann bleib besser in der Fremde.«

Mein Freund Nikolaus sagte hingegen, es handle sich dabei um karmischen Ausgleich: Da ich mitsamt der Handtaschen immer auch Geld verlöre, würde mein Karma ausgeglichen. Deshalb würde ich es auch vermeiden, auf meinem Konto ein Plus anzusammeln, damit das Schicksal nicht herausgefordert würde, mich mit der großen Keule niederzustrecken.

Ganz akzeptieren kann ich diese Erklärung nicht, aber ich nehme sie doch lieber an als die der Therapeutin. Weil sie meine Weiblichkeit unangetastet lässt. Und auch weil meine Lebenserfahrung sie eigentlich bestätigt.

Als ich schon ein paar Jahre in San Francisco lebte, ließ ich mich dazu überreden, mich an einem walisischen Restaurant zu beteiligen.

Das kam so: Mein Freund Titch wollte neben seinem Dylan's Pub ein Caitlin's Restaurant eröffnen, benannt nach Dylan Thomas' Frau Caitlin. Dann ging ihm das Geld aus. Und ich hatte vage Träume von einem Künstlercafé im europäischen Stil, wo auf jedem Tisch ein Notizbuch und ein Bleistift liegen würden, wo die Wände mit Bücherregalen bedeckt wären und wo es keine Chichi-Kaffeekreationen geben würde, nur ehrlichen Espresso und Cappuccino. Schreibgruppen würden sich da treffen und Buchclubs. Abends würde man Lesungen veranstalten, Open-Mike-Anlässe, an denen unveröffentlichte Autoren ein Publikum fänden, Ausstellungen und Konzerte. Meine sämtlichen Künstlerfreunde würden sich da ihren Aufenthalt zusammensingen und zugleich ihren Beitrag zu Völkerverständigung und Kulturaustausch leisten.

Da ich aber nicht wirklich hinter einem Kaffeehaustresen stehen wollte, schlug Titch mir vor, den kulturellen Teil seines Restaurants, das er seit bald zwei Jahren renovierte und das »sehr bald« eröffnet werden sollte, zu bestreiten. Gegen eine Beteiligung natürlich.

So wurde ich Geschäftspartnerin von einem krummbeinigen Waliser, den ich, auch wenn er nüchtern war, kaum verstehen konnte. Ein wunderbarer Mann, ein Künstler, ein Filou, ein Chaot – und definitiv kein Geschäftsmann. Das merkte ich allerdings erst im zweitletzten Moment.

Nun bin ich selbst auch alles andere als eine Geschäftsfrau. Von der Gastronomie verstehe ich rein gar nichts – auch wenn ich im Gegensatz zu Titch den Unterschied zwischen Weißwein- und Rotweingläsern kenne. Was sich zeigte, als wir im Economy Restaurant Supply standen und über die Kelche in so verschiedenen Akzenten diskutierten, dass unser Englisch wie zwei verschiedene Sprachen klang. Und von irgendwoher hörte ich eine Stimme sagen: »Mädchen, das ist doch absurd.«

Kann ich das? Soll ich das? Sich das nicht zu fragen, gehört grundlegend zum Auswandern. Und so hörte ich nicht auf diese Stimme. Stattdessen band ich mir die Schürze um. Ich war zwar auch keine Kellnerin, aber die einzige, die wir uns leisten konnten.

»Hi, my name is Milena and I'll be your waitress today!«

Ich übertrug die Buchhaltung von tausend Zetteln in den Computer. Ich rechnete die Preise nach. Ich fand billiges Knitterpapier für die Tischtücher, Messer im Sonderangebot, trinkbaren Kaffee.

Doch es half alles nichts. Das Geld zerrann und fiel in Ritzen, von denen ich nicht wusste, dass es sie gibt. Was ein internationaler Künstlertreffpunkt werden sollte, ging nach sechs kurzen Wochen schon unter wie die Titanic. Vielleicht lag es an der walisischen Küche, die sich für nicht walisische Mägen als kaum genießbar herausstellte. Vielleicht auch daran, dass keiner der Beteiligten nur die geringste Erfahrung im Gastgewerbe hatte – Familiendienst mal nicht eingerechnet.

Und plötzlich sah ich die Bestimmungen, die einem in der Schweiz zum Beispiel alle möglichen Kurse auferlegen, bevor man ein Restaurant eröffnen darf, in neuem Licht.

Wie cool ist das! Das hatte ich vor wenigen Wochen noch gedacht, als ich mit Titch auf der Polizeiwache in einem Sitzungszimmer saß und von einem zerkratzten Videofilm lernen sollte, wie man Gäste erkennt, die das trinkfähige Alter noch nicht erreicht haben. Ein dicker Schauspieler, mit aufgesetztem irischem Akzent und als Barkeeper verkleidet, erklärte uns, dass sie gern in dunklen Winkeln sitzen, Schiebermützen tragen und bunte Drinks mit anzüglichen Namen bestellen wie Sex on the Beach. Und diese sprechen sie dann kichernd aus.

»Da hat sich aber jemand wirklich an der Birne ge-kratzt«, stichelte Titch.

Als der Film zu Ende war, spulten wir ihn zurück und steckten die Kassette in die Hülle. Wir gaben sie dem Polizisten am Schalter zurück, unterschrieben eine Erklärung, dass wir den Inhalt verstanden hätten, und bekamen unsere Alkohollizenz. Einfach so.

Sechs Wochen später, als ich vor einem Industriekühlschrank voller verdorbener Lachsfilets stand (die nicht auf eine walisische Speisekarte gehörten, aber einem Freund von Titch »vom Laster gefallen« waren), fiel mir das wieder ein. Wie cool ist das? Der Geruch von faulendem Fisch war überwältigend. Und langsam dämmerte mir, dass das Prinzip »Jeder kann alles versuchen« auch gewisse Risiken birgt. Und heißen kann: Jeder kann jederzeit scheitern.

Nicht, dass ich mich beklagen würde. Ein Jahr später gelang es Titch, das leer stehende Restaurant an eine Gruppe gesundheitsbewusster Hollywood-Hünen zu verkaufen, die es in ein Rohkost-Café verwandelten.

Wir bekamen immerhin einen Teil des Geldes zurück. Karmischer Ausgleich.

Und im Caffe Gratitude bestellt man heute nicht mehr »faggots and peas« (fragen Sie nicht!), sondern biologisch-veganisch-ungekochte Köstlichkeiten, die Bezeichnungen wie »I am blessed« oder »I am enlightened« tragen.

Die Kellnerinnen begrüßen die Gäste mit: »Guten Tag, wofür sind Sie heute dankbar?«

»Für meine Kinder«, sagt der Gast dann oder: »Für meine Verdauung.«

»Ich verstehe. Was darf ich Ihnen bringen?«

»Einmal ›Ich bin erleuchtet‹ und eine kleine Portion ›Ich bin erfüllt‹, bitte!«

Eine gefühlte Stunde später steht die Kellnerin wieder vor dem Gast, stellt den Teller auf den Tisch und sagt feierlich: »Du bist erleuchtet. Du bist erfüllt. Und guten Appetit auch!«

Karmischer Ausgleich, ich sag es doch.

Nicht, dass mich dieses unternehmerische Versagen unberührt gelassen hätte. Nicht, dass ich mich nicht nachts schlaflos im Bett gewälzt und ausgerechnet hätte, wie viele Kinder wie lange für dieses Geld hätten studieren können. Doch meine amerikanischen Freunde halfen mir auf unerwartete Weise, das Gefühl des Versagens zu überwinden.

Nach einer sehr kurzen Phase der Anteilnahme interessierten sie sich nämlich nicht mehr dafür, was passiert war und warum und wie es hätte verhindert werden können, sondern sie wollten lieber wissen, was ich als Nächstes vorhatte.

Denn so eine Bauchlandung, die in der Schweiz eine schwer zu überbietende Schande bedeutet, die regelmäßig Familienväter zu Verzweiflungstaten treibt, ist in San Francisco »no big deal«. Wer hat das in diesem Treibhaus innovativer Ideen nicht schon erlebt? Wer ist nicht schon mal vom Start-up-Siegertreppchen direkt aufs Gesicht gefallen?

Da heißt es einfach: aufstehen, den Straßenstaub von der Jacke klopfen, von vorn anfangen.

So begann ich, um die Kasse wieder aufzufüllen, Schreibkurse anzubieten. Nicht im literarischen Café, sondern an meinem Küchentisch. Ich hatte ein Flugblatt entworfen, das mein Sohn noch redigiert hatte, ein »bestselling« vor »Swiss author« geklebt (»Gib ruhig ein bisschen an, wir sind hier schließlich in Amerika!«) und verteilte es in Cafés und Buchhandlungen und im Bioladen an der Ecke.

Kann ich das? Darf ich das? Ich hatte nicht lange Zeit zu überlegen, weil der erste Kurs schon bald voll war. Acht angehende Schriftsteller und eine Sekretärin, deren Arbeitgeber ihr pro Jahr zwei Kurse »zur Erweiterung des persönlichen Horizonts« bezahlte, saßen jeden Samstag an meinem Küchentisch und schrieben Geschichten. Eine Studentin reiste jedes Wochenende aus Los Angeles an, und als ihr altersschwaches Auto den Geist aufgab, nahm sie den Zug. Zwölf Stunden Fahrt. Für einen Schreibkurs an meinem Esstisch. Abends ging sie mit der Sekretärin aus, und über die Männer, die die beiden an diesem Abend nicht kennengelernt hatten, schrieben sie in der nachfolgenden Woche eine Geschichte.

Und deshalb konnte ich selbstbewusst Ja sagen, als ich gefragt wurde, ob ich solche Kurse auch in der Schweiz geben würde, in einem professionellen Rahmen. »Ja«, konnte ich sagen, »das kann ich.«

Diese Kurse sind heute ein wichtiger Bestandteil meines Lebens. Einer, der mir sehr viel Spaß macht. Und ich weiß auch, wofür ich heute dankbar bin.

»Einmal ›Ich bin geläutert‹, bitte, aber ohne Bitterkeit!«

Die Verschwörung der Schirmmützen

Die Stirnfransen kitzelten in den Augen, lange hellgelbe Fäden lösten sich von meinem Kopf, flatterten in Zeitlupe zu Boden. Gespräche verstummten. Gesichter wandten sich mir zu. Ich war blond.

Weil ich es wert bin.

Ich wurde als Blondine geboren. Allerdings mit braunen Augen. Der Friseur von Catherine Deneuve weiß, was das bedeutet. Doch nun, endlich, durfte ich wieder blond sein. Zwei Wochen lang würde ich im Auftrag – ausgerechnet – einer Kulturzeitschrift eine blonde Perücke tragen und meine Erfahrungen notieren. Die vermutlich in einer Stadt, in der selbst asiatisches Schwarzhaar blondiert wird und in der auch Männer Perücken tragen, weniger spektakulär ausfallen würden, als erhofft.

»Das ist das erste Mal in vier Jahren, dass ich graue Haare sehe«, kommentierte eine Korrespondentin aus Los Angeles, die dort seit vier Jahren lebte und nun zurück nach San Francisco gekommen war, um einen Vortrag an der Berkeley University of California zu halten. Die unfrisierten Hippie-Köpfe im Publikum irritierten sie derart, dass sie sich kaum mehr auf ihren Vortrag konzentrieren konnte. Weniger als eine Flugstunde weit entfernt, war sie den absurdesten Auswüchsen amerikanischer Schönheitsideale ausgesetzt. Zur Unkenntlichkeit verstümmelte Gesichter, reglose Mienen, Fischlippen, heliumballonartige Gebilde vor dem Brustkorb, zart gestreiftes Haar, bis zum Po verlängert ... Man kennt es. Sie kennt es. Darüber hat sie unter anderem geschrieben. Als dunkelhaarige, unbestechliche Beobachterin hielt sie sich für immun. Bis ihre eigene Reaktion auf die Ungezähmtheit der nordkalifornischen Körper, Gesichter und nicht zuletzt Frisuren ihr aufzeigte, wie sehr sie die Standards von Hollywood bereits verinnerlicht hatte.

In diesem Zusammenhang schulde ich übrigens Liz Hurley eine Entschuldigung. Weil ich sie für dumm gehalten habe. Obwohl sie das gar nicht ist. Passiert ihr wahrscheinlich häufiger ...

Als sie vor Jahren in einem Interview gefragt wurde, was der Unterschied zwischen Amerika und England sei, antwortete sie: »Die Amerikaner mögen keine Locken. Die glätten ihr Haar.«

Aufstöhnend legte ich meine hochintellektuelle Lektüre, das Klatschmagazin, weg. Wie tiefsinnig, dachte ich. Wie relevant. Kein Wunder, dass man sie in der Schweiz auch gern »Frau Hürli« nennt.

Doch dann zog ich nach Amerika und musste alles zurücknehmen. Frau Hürli hatte recht.

Die Amerikanerinnen kämpfen gegen ihre Locken, als gelte es, den inneren Wilden auszutreiben. Sie glätten sie, sie plätten sie, sie föhnen sie aus, sie vermeiden Wind und Wetter, sie gehen nicht schwimmen und halten den Kopf unbequem von der Yogamatte hochgereckt. Sie waschen die Haare mindestens einmal täglich mit speziell glättenden Substanzen. Sie betreiben einen Aufwand, den wir allenfalls von unseren Müttern und Großmüttern kennen, die jeden Donnerstagmorgen mit religiöser Andacht zum Waschen und Legen gingen. Den Nachfahrinnen glatthaariger Asiatinnen mag das ja noch liegen, aber man bedenke einmal die tiefere Bedeutung der zu Stroh gestreckten afrikanischen Krause. Der Afrolook war nicht umsonst mehr ein politisches als ein modisches Statement – eines, das sich nicht durchgesetzt hat.

Über den »bad hair day« könnte man Lieder schreiben – ich habe es getan. Wir mögen darüber lachen, doch für die Amerikanerin ist es Anlass zu tiefer existenzieller Verzweiflung. Wenn das Haar nicht richtig sitzt. Das neue Shampoo die Spannkraft aus den Spitzen gewaschen hat. Wenn – und das ist das Schlimmste – die Luftfeuchtigkeit die sorgfältig geplättete Pracht leise kräuselt. Dann sagt man Verabredungen und wichtige Termine ab und schließt sich zu Hause ein.

Doch die Amerikanerin wäre keine Amerikanerin, wenn sie nicht eine pragmatische Lösung auch für das existenziellste ihrer Probleme hätte: die Schirmmütze.

Nur Europäerinnen schockiert der Anblick längst erwachsener Frauen, die ihre langen Haare durch die Öffnung der Schirmmütze ziehen wie durch eine überdimensionierte Haarspange. Amerikanerinnen finden das ganz normal. Weil sie wissen, was dahintersteckt: ein »bad hair day«. Der größte gesellschaftliche Gleichmacher dieser scheinbar klassenlosen Gesellschaft. Er trifft Hollywoodstars ebenso wie Biogärtnerinnen, Nagelpflegerinnen, Arbeitslose.

Jede Kultur hat ihre eigenen Schönheitsideale, ihre subtilen Abweichungen vom Bild des »Global Village«-Klons. Und ebenso ihre eigenen Schönheitstabus, ihre unverzeihlichen No-nos. In Zürich sind das klobige Schuhe. Im Nahen und Mittleren Osten Körperbehaarung jeder Art. In Amerika sind es Locken. Und unlackierte Nägel. Meine Freundinnen mögen zu meiner Verzweiflung in Holzfällerhemden und Shorts gekleidet ausgehen, in Wandersandalen und mit Baseballkappe, in ausgeleierten T-Shirts mit Aufdrucken ihrer diversen Schulen, aber immer, immer sind ihre Nägel perfekt maniküurt und lackiert.

Nail-Salons finden sich an jeder Straßenecke und sogar in Bars, und ihre Dienste sind erschwinglich. Mani-Pedi-Partys sind Standard für Brautjungfern und alte Freundinnen, seit einiger Zeit auch für Kinder. Schon Vierjährige lassen sich in den tiefen Sesseln nieder, spreizen routiniert ihre pummeligen Zehen und verlangen mit gelangweilter Stimme die Farbe Nummer 83, die den schönen Namen My Chihuahua bites trägt. Überhaupt wird auf die Namen von Nagellackfarben mehr Sorgfalt verwandt als auf die Wahlslogans der beiden offiziellen Parteien: Not tonight, Honey!, Don't Socra-tease me!, I'm not really a waitress oder Who comes up with these names?, eine Art gedämpftes Orange …

Schnell gewöhnte auch ich mich an diesen Luxus. Alle zwei Wochen ließ ich mich im Mani-Pedi-Beachhouse bei mir um die Ecke zurechtfeilen und -pinseln. Meine Alltagsuniform bestand aus T-Shirt und Yogahose, Flipflops und drei Schichten Chocolate Shakespeare. Nur eine Baseballkappe würde ich nicht einmal im Notfall aufsetzen. Der, deutete ich die Blicke meiner Freundinnen richtig, längst eingetreten war.

Meine Haare ließ ich konsequent in Ruhe, und wenn ich noch so oft hörte, es sei »mutig« von mir, mich so natürlich zu geben. Denn meine Locken durften nicht nur ungezähmt wuchern, sondern auch ungefärbt ergrauen. Ein Umstand, den meine Freundinnen auf beiden Kontinenten händeringend zur Kenntnis nahmen. Nicht, dass sie grundsätzlich etwas gegen graue Haare hätten. Grau darf man sein. Sowohl in der Schweiz, solange ein anständiger, sichtbar teurer Haarschnitt damit einhergeht, wie auch in San Francisco, wo es dem herrschenden »Anything goes«-Geist entspricht. Doch einfach noch nicht jetzt!

»So alt bist du doch noch gar nicht«, jammern sie dies- und jenseits des Pazifiks und meinen eigentlich »wir«: So alt sind wir doch noch gar nicht.

»Willst du sie nicht wenigstens glätten?«

Da kam mir die Anfrage der Kulturzeitschrift gerade recht. Leider trug ich im Moment meine Haare ziemlich kurz. Ausgerechnet! Dabei hätte die Redaktion gern eine Tube Clairol gespendet, ich meine L'Oréal – because I'm worth it.

Doch weil kurzes blondes Haar noch lange keine Blondine ausmacht, musste es eben eine Perücke sein. Es war ein billiges Modell, durch die weiten Maschen schimmerte mein eigenes Haar durch – ein irgendwie natürlicher Effekt. Dachte ich.

»Nein, nein, nein!« Ohne nachzudenken, riss Jeff das Ding von meinem Kopf.

»Falsch, falsch, falsch!« Jim nahm Jeff die Perücke aus der Hand, einen Augenblick lang zogen beide daran, die ersten Haare lösten sich schon, dann gab Jim nach. Die Herren sind Spezialisten.

»Regel Nummer eins: Perücken sehen beinahe immer besser aus, wenn man sie verkehrt herum aufsetzt.« Jeff schüttelte das Ding. Noch mehr Haare fielen. Nun waren die Fransen hinten und das lange, leicht nach innen gerollte Haar vorn. »Regel Nummer zwei: bürsten, bürsten, bürsten. Richtig zerstören musst du sie!« Jeff geriet in ein Fieber, die Haarbürste traf mich unter dem Auge, hinterließ einen Kratzer: »Mach sie fertig! Gib's ihr! Regel Nummer drei: Zu viel Haarspray gibt es nicht.«

Die beiden Männer spielten halbherzig noch eine Weile mit der Perücke herum, bevor sie sie auf einen dieser gesichtslosen Styroporköpfe stülpten.

»Würdest du die tragen?« Jim schüttelte den Kopf. »Die blonden Zeiten sind vorbei«, sagte er, »dermaßen passé! Männer stehen heute mehr auf rassig, dunkel, nervös.«

»Darum geht es doch gar nicht, Blondsein ist viel mehr eine Frage der …« Ich brach ab.

Den Rest des Abends diskutierten wir über den Wonderbra.

Essen ist für Amateure

Sie lag auf dem kalten Buffet, eine unappetitliche Roulade aus blassen Industriekäsescheiben, schon etwas angeschwitzt. Daneben ein ordentlicher Stapel handgeschriebener Rezeptkarten.

»Man nehme eine Packung Kraft-Scheibletten, bestreiche sie mit Pesto ...« Mir wurde sofort übel, und ich legte die Karte auf den Stapel zurück.

Meinen Beitrag zum Buffet, ein großes Stück Schweizer Käse, stellte ich in sicherem Abstand zu der Roulade ab. Ich hatte es mir einfach gemacht, denn bei diesen sogenannten Potluck-Partys wurde normalerweise nicht um den goldenen Kochlöffel gewetteifert, wie ich es von ähnlichen Anlässen in der Schweiz noch allzu gut in Erinnerung hatte: »Ach, ein Apfelkuchen, wie originell. Selbst gebacken? Und das Mehl? Biologisch? Handgeschrotet?«

Auf dem bunten Buffet fand man von künstlichen Zwiebelringen in der Tüte über Kürbis-Martini im Zweiliterkrug bis zu Samosas aus dem indischen Restaurant um die Ecke so ziemlich alles.

Rezepte waren da doch eigentlich überflüssig.

»Ich dachte, für die, die Atkins machen«, verteidigte Barb ihre Zettel und zeigte auf die Zeile mit dem Proteingehalt (hoch) und dem Kohlehydratanteil (null). »Atkins ist super, das kannst du ein Leben lang durchhalten!«, sagte sie mit einem leicht defensiven Unterton und biss gleichzeitig in einen tellergroßen, total verbotenen Schokoladenkeks.

Stefanie, die eine eigene Anwaltspraxis hatte, vier kleine Kinder und dabei aussah wie eine schüchterne Zwölfjährige mit knochigen Knien, machte die Punktediät. So wie Fergie. Und weil Stefanie so knochig war, durfte sie täglich dreißig Punkte verschlingen.

»Dreißig Punkte!«, rief Sharmila, »wie kriegst du die denn runter? Wer kann denn so viel essen?«

»Essen?« Stefanie hielt einen Plastikbecher, der bis zum Rand mit Rotwein gefüllt war, hoch. »Wer redet von essen? Ich trinke sie!«

»Cool«, sagte Sharmila, die aus Überzeugung nichts Tierisches zu sich nahm, keinen Fisch, kein Fleisch, keine Milch, keine Eier, keinen Honig, kein gar nichts, und die ich noch nie ohne ihren Halbliterkübel von Starbucks gesehen hatte. Was da wohl drin war?

»Naja, ohne meinen täglichen Latte kann ich nun mal nicht leben.«

Latte – Milch?

Langsam dämmerte es mir: Sie hielten sie zwar nicht ein, aber sie waren alle auf Diät. Alle außer mir.

»Kunststück, als Europäerin!«, winkte Stefanie ab. »Ihr Europäer habt ja so ein natürliches Verhältnis zum Essen.«

Ach ja? Und warum konnten die Besucherinnen aus der Schweiz immer aufs Gramm genau schätzen, wie viel ich wieder zugenommen hatte? Und was gaben sie als Hauptgrund an, nie – never! – in den USA leben zu wollen? Nicht Präsident Bush, nicht der Irakkrieg, nicht die horrenden

Mieten hier, nein: Die vielen dicken Menschen im Straßenbild störten sie.

Barb erzählte von einem französischen Arzt auf ihrer Station, der die Schwestern einmal im Monat zum Mittagessen einlud, immer in die besten kleinen Restaurants rund um das Krankenhaus, koreanische, chinesische, vietnamesische, französische Lokale, und der sich so über die Bestellneurosen der Damen aufregte, dass er jedes Mal drohte, es sei das letzte Mal. »Ihr Amerikaner seid doch einfach nicht normal, sagt er immer.«

Ich schwieg diplomatisch. Meine schicken, dünnen europäischen Bekannten sind nie auf Diät – sie essen oder sie essen nicht (wenn die teuren Kleider gerade mal nicht passen). Und sie reden nicht darüber.

Hier ist es umgekehrt. Man ist immer auf Diät, auch wenn man sie nie einhält. Und man diskutiert sie bei jeder passenden und unpassenden Gelegenheit. »Ich esse ja normalerweise streng fettfrei, aber heute unterbreche ich mal meine Diät«, verkündet man fröhlich und greift zu. »Na, wenn schon, denn schon!« Was so viel heißt wie: Ich weiß schon, dass künstliche Zwiebelringe nicht gesund sind. Ich weiß schon, dass ich nicht mehr im Wachstum bin und eigentlich nicht jedes Jahr größere Kleider brauchen sollte. Ich weiß das alles, und ich mache ja auch was dagegen, schau, ich bin schließlich auf Diät – nur gerade heute nicht.

Wir wohnten noch nicht lange in San Francisco, eine Woche vielleicht oder zwei, als Phil und Mara uns zum Abendessen einluden. Wir kauften eine Flasche Wein, einen Blumenstrauß, fuhren den Kindern mit dem Waschlappen übers Gesicht.

Unsere erste Einladung.

Abendessen sind wichtig – in der Schweiz hatte sich unser ganzes Sozialleben an Tischen abgespielt: WG-Tischen, Ikea-Tischen, Restauranttischen, Designertischen. Alles drehte sich darum: kochen und bekocht werden, essen, trinken, reden, rauchen.

Wir klingelten an der Tür, wechselten einen Blick, lächelten: Jetzt, da wir Leute kannten, die uns zum Abendessen einluden, die auch wir dann einladen konnten, würden wir uns erst richtig zu Hause fühlen. »It will be o.k.«, dachten wir auf Englisch.

»Kommt rein«, schrie jemand. Wir betraten die Wohnung. Aus dem hinteren Teil klangen Schüsse. Mara saß auf dem Sofa, auf dem Schoß eines der winzigen Schuhmodelle, die sie für eine Schnickschnackbude herstellte. Die beiden Jungs hingefläzt vor dem Fernseher. Don Johnson in einem gelben Auto auf den Straßen von San Francisco.

»Hiiiiiiiiii«, schrie Mara, ihr Ton stieg an und fiel wieder ab. Eine kalifornische Begrüßung klingt immer so begeistert, als hätte man sich eben schwimmend von der sinkenden Titanic gerettet. »Phil ist noch unter der Dusche«, sagte sie, »ihr wisst ja.« In Philwelt war es noch früh am Tag, bald Zeit, um zur Arbeit zu fahren. »Nehmt euch was zu essen«, fuhr sie fort und zeigte mit einem Tigerfellpumps zur Küche. »Ist alles da.«

In der Küche fanden wir in Silberpapier gewickelte Burritos, eine riesige Chipstüte und ein Glas mit Salsa. Wir füllten Picknickteller, gingen zurück ins Wohnzimmer.

»Milch?«, fragte Mara. »Cola oder – oh, ihr habt eine Flasche Wein mitgebracht? Phil! Komm sofort her!! Wir haben Wein!!!«

Phil kam mit nassem Haar aus der Dusche, er öffnete die Flasche und verteilte den Inhalt in drei riesige bunte Plastikkübel, die ich für Vasen gehalten hatte. Wir setzten uns auf das überdimensionierte Sofa, das hufeisenförmig den Raum beherrschte, balancierten die Teller auf den Knien, die Servietten, Plastikgabeln.

»Guten Appetit«, murmelten wir einander zu, »*en Guete*, wie sagt man das eigentlich auf Englisch?«

Eine Frage, die uns jahrelang niemand beantworten konnte.

»Meinst du ein Tischgebet?«

Die nächste Einladung gab ich: ein kleines Mittagessen mit Pam und Jane, die wir unsere Tanten nannten, obwohl sie nicht mit uns verwandt waren.

Ich wusste – natürlich! –, dass Pam ihre »issues« mit dem Essen hatte und weder Brot noch Käse in Griffweite haben konnte oder wollte. Dass Jane gern ganz altmodisch einen Scotch zum Essen kippte, während Pam Diet Coke mit Zitronengeschmack bevorzugte.

Ich bereitete also liebevoll verschiedene Salate vor und richtete die Soße ganz gegen meine Gewohnheit in separaten Schüsselchen an. Mit Öl, ohne Öl. Ich kaufte Diet Coke und Scotch. Ich hatte sogar daran gedacht, genügend Eiswürfel einzufrieren, und war ziemlich zufrieden mit mir, als es an der Tür klingelte.

»Oh, Honey«, sagte Jane und ließ ihren Blick über den gedeckten Tisch schweifen. »Du hättest dir doch nicht so viel Mühe machen sollen!«

»Ach was! Keine Mühe!« Bescheiden zuckte ich mit den Schultern.

»Tja, wir haben auf der Brücke einen Hotdog gegessen«, sagte Pam, »und die Hunde sind im Auto – wollen wir nicht ein bisschen spazieren gehen?«

An diesem Tag lernte ich einen wichtigen Ausdruck kennen: »sit down meal«. Wenn man sichergehen will, dass amerikanische Freunde sich zum Essen auch hinsetzen, sollte man das bei der Einladung präzisieren.

Und was sagt man vor dem Essen?

»Enjoy your meal«, schlug Jane nach einigem Zögern vor, doch Pam schüttelte den Kopf: »Wir genießen das Essen nicht«, sagte sie, »das Essen ist unser Feind, deshalb essen wir im Stehen, im Gehen und im Auto. Wir glauben, es gilt nicht, wenn wir uns nicht hinsetzen. Wie Kinder, die glauben, man könne sie nicht sehen, wenn sie sich die Augen zuhalten. Ich glaube nicht, dass ich als Kind jemals eine Mahlzeit gemeinsam mit meiner Familie eingenommen habe. So »European style«, meine ich, alle an einem Tisch, alle essen dasselbe, keiner macht eine Diät. Na, dir, Milena, muss ich das ja nicht erklären.«

Unsere Potluck-Party-Gastgeberin Alana, eine robuste, gesund wirkende Künstlerin, gehörte zur Breatharier-Bewegung. Auf ihrem Couchtisch lag ein brandneues Kochbuch. Dem Vorwort entnahm ich, dass der Mensch eigentlich so konstruiert sei, dass er von Luft und Liebe allein leben könne.

Luft und göttlicher Liebe natürlich – wo kämen wir da sonst hin … Alles, was wir brauchen, ist in der Luft enthalten und in den göttlichen Schwingungen, die das Universum erfüllen. Auch Wasser ist eigentlich überflüssig, las ich weiter. Essen und trinken ist nichts anderes als eine zivilisationsbedingte Suchtkrankheit, ebenso wenig überlebensnotwendig wie Heroin, sagen wir mal, oder Gucci-Stiefel. Wer dem abschwört, kann über tausend Jahre alt werden – also zehnmal so alt wie die Anhänger der Antiaging-Diät,

die nach dem Vorbild von Laborratten ihre Nahrungsauf-
nahme auf ein Drittel runterschrauben und hoffen, so hun-
dertzwanzig Jahre alt zu werden –, wenn man nicht vorher
an schlechter Laune stirbt.

So weit, so gut, aber ein Breatharier-Kochbuch? Das
Konzept war ähnlich absurd wie ein Cocktailmix-Hand-
buch der Anonymen Alkoholiker. Beim flüchtigen Durch-
blättern entdeckte ich nicht etwa Bilder von satten Wolken
und appetitlichen Nebelschwaden oder den Vorschlag, zur
Abwechslung mal das Frühstück im Wald einzuatmen und
das Mittagessen am Strand, sondern fleischlose, aber ganz
lecker aussehende Gerichte.

»Luftverschmutzung«, erklärte Alana, die sich neben
mich gesetzt hatte.

»Luftverschmutzung?«

»Ach, Honey, du weißt schon, Smog und so weiter. Die
Luft hier hat einfach nicht die ideale Zusammensetzung,
und unser Meister sagt, um zu überleben, soll der Breatha-
rier gesunden Menschenverstand walten lassen. Das heißt,
wenn nötig, Wasser und Nahrung zu sich nehmen. Bis die
Luft besser wird.« Und sie umarmte mich kurz und trös-
tend, als wäre ich ein alter Baum.

Gesunder Menschenverstand, dachte ich. Hund aus-
führen. Breatharier-Kochbuch. Dr. Atkins. Alle machten
eine Diät, aber niemand hielt sie ein. Und niemand hielt
sich damit auf. Das tägliche Scheitern gehörte zum Programm und wurde mit einer Fröhlichkeit hingenommen,
die mich anrührte. Davon könnte ich mir glatt eine Scheibe
abschneiden.

Und was sagt man …?

»Dig in«, sagte jemand. »Hau rein.«

Ein paar Tage später – ich stand immer noch unter dem Eindruck dieser Potluck-Party – lud der Steiner zu einem seiner formlosen Abendessen ein. Von uns drei geladenen Gästen konnte es sich zu einem Straßenfest entwickeln, zu dem ganze Barbelegschaften geschlossen aufmarschierten.

Der Steiner hatte einen Gasgrill amerikanischen Ausmaßes auf dem Balkon stehen und briet gigantische Berge von Würsten, die er fast alle selbst aß. Jede dritte, vielleicht auch nur jede vierte, legte er auf einen Teller, schnitt sie in kleine Scheiben und reichte sie dem Raucherkontingent weiter, das hinter ihm in den Gartenstühlen lümmelte. Ab und zu schaffte so ein Teller den Weg zum Esstisch in der Küche.

Gäste kamen und gingen, die meisten hatten etwas zur Mahlzeit beigetragen: Freddi hatte ihre berühmten schwarzen Bohnen mit Reis gebracht, Jeff und Jim ein selbst gemachtes Pfirsich-Jalapena-Kompott. Der Tisch bog sich unter Nebengerichten und Nachspeisen, und auf die Würste tropfte der Regen.

»Schön«, sagte eine Freundin aus Deutschland.

Und ich nickte. Ein nettes Essen.

»Es gefällt mir, dass es formlos ist«, fuhr sie fort. »Damit kämst du in Hannover nicht durch, da wäre so ein Essen bis ins Letzte durchgeplant und vorbereitet, die Zutaten aus anderen europäischen Ländern importiert, und der Herr des Hauses würde erst einmal einen Vortrag über seine Trüffelreibe von der Firma Soundso halten, der einzigen, die man mit gutem Gewissen benutzen kann.«

Ich nickte wissend. Hannover schien Zürich sehr ähnlich zu sein.

Ich ließ den Blick noch einmal durch die Küche schweifen, den eingewanderten Blick diesmal, den meiner Freundin aus Hannover. Offene Weinflaschen, die einfach so herumstanden, ohne dass jemand erklärte, wo sie herkamen, wie sie von wem bewertet worden waren und zu welchem Spottpreis man sie ergattert hatte. »Direkt beim Weinbauern!« Unterschiedliche Gläser, die nicht zusammenpassten. Kein Schwenken und Schnüffeln. Gäste, die zum ganzen Essen Wodka tranken und dann vom Stuhl fielen. Andere, die sich gar nicht erst hinsetzten, mit den Fingern in die Schüsseln grapschten und sich fettglänzende Oliven zwischen die Lippen schoben. Gespräche, die kreuz und quer durch die Küche geführt wurden, manche lauter als andere. Gäste, die sich ins Wohnzimmer verzogen und sich dort ein Basketballspiel anschauten. Jemand hörte den Taco-Laster hupen, rannte zur Straßenecke hinunter und kaufte mehrere Plastiktüten voller mexikanischer Häppchen.

Dann kam der Steiner mit der letzten Fleischplatte durch die Terrassentür, er hielt sie hoch über seinen Kopf, hinter ihm drängelten sich die Raucher herein. Der Regen war stärker geworden. Meine deutsche Freundin stellte sich auf die Zehenspitzen und schnappte sich das letzte Stück Wurst.

»Echt gemütlich habt ihr's hier!«, sagte sie mit vollem Mund.

Und ein Mann, den ich nicht kannte, einer der verregneten Raucher, drehte sich zu uns um.

»Bou näpp«, sagte er.

Und das war sie, endlich, die Antwort auf meine Frage, was man denn vor dem Essen sage: »Auf Englisch heißt das ›bou näpp‹.«

Anstoßen –
in jeder Hinsicht

»Wie, du trinkst?«

Mit großen Augen starrte Maryann mich an. Es war nach einem Kindergeburtstag in einer mit knallbunten Plastikröhren und Klettergestellen vollgestellten Vorhölle namens Jungle Gym, nach drei langen Stunden, in denen kreischende Kinder, überschäumende Limoflaschen, Kuchenschlachten, aufgerissene Geschenkpackungen und Tränen um uns herum waren.

Irgendwann hatte ich mich dieser anderen Mutter zugewandt und gesagt: »Jetzt freue ich mich aber auf ein Glas Wein!«

Glas, wohlgemerkt, keine Flasche.

Und sie schaute mich an, als hätte ich vorgeschlagen, mir auf dem Klo eine Linie zu ziehen oder draußen einen Schuss zu setzen.

Das hätte sie vermutlich sogar weniger schockiert, denn sie senkte gleich ihre Stimme, um mir mitzuteilen, dass sie »ihre Pillen« im Wagen habe. Ob sie sie holen solle?

Dankend lehnte ich ab.

»Mein Mann ist bei Clean & Sober«, erklärte Maryann. Eine Vereinigung, deren Mitglieder Alkohol und Drogen abgeschworen haben und sich zu einem gottesfürchtigen Lebensstil verpflichten. »Ich kaufe deshalb immer diese Minibarflaschen, die kann ich in der Handtasche rausschmuggeln, dann sieht er sie nicht. Mein Mann trägt ja immer den Abfall raus, darin ist er ganz toll! Ich kann ihm echt nichts vorwerfen!«

Jetzt war es an mir, große Augen zu machen. Sie erwiderte meinen Blick. Grinste, hob ihren rosafarbenen Rucksack auf, an dem ein Sticker befestigt war, der sie als »World's best Mom« auszeichnete, und schüttelte ihn. Ein leises Klirren ertönte.

Ich konnte mich nur wiederholen: »Jetzt freue ich mich auf ein Glas Wein.«

Im Lauf der Jahre hatte mir diese spontane Äußerung unzählige Einladungen zu einem »Treffen« eingebracht. Womit entweder ein Treffen der Anonymen Alkoholiker gemeint war, zu denen die Hälfte meiner Bekannten pilgerte. Die wenigsten hätte ich als Alkoholiker eingeschätzt – aber was wusste ich schon? Oder aber ein Treffen des lokalen Buch- oder Weinclubs, das nichts anderes ist als eine Entschuldigung zum Kampftrinken für Erwachsene. Man sitzt da und »degustiert« verschiedenste Weine wild durcheinander und aus riesigen bauchigen Gläsern, die gut und gern einen halben Liter Flüssigkeit fassen. Gegurgelt und gespuckt wird bei diesen Anlässen nicht, folglich sind sehr bald schon alle betrunken. Aber da dieser Zustand durch den Genuss von teurem Wein hervorgerufen wird, zählt es nicht. Sowenig wie das Essen im Stehen Kalorien hat, so wenig gilt guter Wein als Alkohol. Böser Alkohol, das ist billiger Fusel, Bier in Dosen, gebrannter Schnaps. Wein, das ist Lifestyle, Kultur.

Maßlos oder gar nicht – wer meint, die Amerikaner hätten ein gespaltenes Verhältnis zum Essen, der sollte sie erst mal im Umgang mit Alkohol erleben!

Ich kannte erwachsene Männer, die sich brüsteten, wie lange sie den Beer Bong aushielten – eine Vorrichtung aus Trichter, Schlauch und Bierfass, die den Schluckreflex ausschaltet. Was für den Kampftrinker ein unermesslicher Vorteil ist. »Zwanzig Minuten!«, riefen sie. »Vier Liter!« Und hauten sich so lange gegenseitig auf die Schultern, bis sie niederstürzten wie gefällte Bäume.

Dieses Ritual gehört eigentlich ins College, ebenso wie das Feiern des einundzwanzigsten Geburtstags, dem Eintritt in das Zeitalter des legalen Trinkens, mit einundzwanzig »shots«, also einundzwanzig Schnäpsen.

Das legendäre Internetmagazin *Hot Wired* führte in den Dotcom-Zeiten ein wöchentliches Trinkspiel ein, bei dem die Mitspieler einsam vor ihren Laptops saßen, komische Fragen beantworteten und auf Kommando tranken. DrinkTank hieß dieses beliebte Ritual.

»Niemand schreibt vor, wie viel ›ein Drink‹ ist. Das kann ja auch nur ein kleiner Schluck sein. Es geht nicht ums Trinken, es geht um die Gemeinschaft«, verteidigte Gründerin Liz Dunn (genannt: »Boozehound« – »Schnapsdrossel«) ihr Konzept.

Gemeinschaft.

Genau.

Solche Trinkrituale enden immer wieder in der Notaufnahme und oft auch tödlich. Deshalb gibt es inzwischen Internetkurse zum Umgang mit Alkohol wie AlcoholEdu, der an vielen Universitäten, unter anderem Berkeley und Stanford, für die Erstsemester Pflicht ist. Und weil das Trinken vor dem gesetzlichen Mindestalter noch intensiver und mit sportlichem Ehrgeiz betrieben wird, gibt es trockene Highschools wie die Sobriety High in Marin County. Ein interessantes Konzept, da ja genau genommen jede Highschool, jeder Highschool-Abschlussball, trocken sein müsste. Auch Safer & Sober Prom Nights werden überall angeboten, obwohl Highschool-Abgänger mit siebzehn ohnehin das gesetzliche Trinkalter noch nicht erreicht haben.

Viele meiner Bekannten, die heute bei den Anonymen Alkoholikern sind, sind nach solchen jugendlichen Exzessen beigetreten. »Ich habe mit achtzehn aufgehört zu trinken«, hörte ich oft und dachte: Da haben andere noch nicht mal angefangen. Die Schauergeschichten dieser Exzesse und ihre Folgen – Alkoholvergiftungen, Verkehrstote, verlorene Tage, Wochen, Monate – erscheinen dem genussfreudigen Europäer wie aus einem parallelen Universum. In dem man trinkt, um betrunken zu werden. Und aus keinem anderen Grund.

Genuss?

Andere Matrix.

»Und heute«, fragte ich meine Freundin Alice, »bist du immer noch Alkoholikerin? Zwanzig Jahre später?«

»Ich weiß es nicht. Aber die AA-Treffen sind mein Sozialleben, meine Gemeinschaft, und auch, vielleicht, meine Kirche.«

Dem weitverbreiteten Bedürfnis nach spiritueller Unterstützung wird in diesen Treffen Rechnung getragen. Ohne Verpflichtungen.

»O. k.«, sagte ich dann. »Ich komme mit.« Beinahe wünschte ich mir, ich sei Alkoholikerin. In den Augen mancher amerikanischer Freunde war ich das bestimmt. Ich wünschte mir, aufstehen zu können und zu wissen, wer ich bin: »Guten Abend. Ich bin Milena. Ich bin Alkoholikerin.«

»Willkommen, Milena!«

Dazugehören.

Ich ging dann doch nie hin.

»Hast du nie Lust auf ein Glas Wein?«, fragte ich weiter.

»Lust? Du meinst, wenn es mir beschissen geht und ich der Realität entkommen will?«

»Nein – nicht zur Selbstbehandlung. Einfach aus …«
Was? Lust?

Auch nicht vorgesehen.

Wenn ich es schwierig fand, Freundinnen zu finden, mit denen ich unbeschwert essen gehen konnte, dann war es noch schwieriger, eine zu finden, die gelassen blieb, wenn ich ein Glas Wein bestellte.

Noch einmal: Glas. Keine Flasche.

Die meisten lehnten mit dem Hinweis auf die Unverträglichkeit von Alkohol mit ihren diversen chemischen Stimmungsaufhellern bedauernd ab. Manchmal auch aus Rücksicht auf die schlanke Linie. »Ich rauche lieber Gras, das macht nicht dick«, erklärte mir eine schicke Innenarchitektin mit italienischen Wurzeln, mit der ich auf einer schicken Terrasse in der Union Street einen schicken Salat teilte.

Sie setzte ihre Sonnenbrille auf und beugte sich verschwörerisch vor. »Ich habe einen elektrischen Bong im Auto!«, flüsterte sie. »Den kann ich in den Zigarettenanzünder stecken, kein Rauch, kein Geruch, das merkt kein Mensch!«

Dieselbe Frau hatte an der Highschool unserer Söhne den »Vertrauensvertrag« eingeführt, in dem Eltern ihren halbwüchsigen, aber schon fahrtauglichen Kindern schriftlich versprechen, sie immer und überall abzuholen, ohne Fragen zu stellen. Die Jugendlichen verpflichten sich ihrerseits, die Eltern anzurufen, wenn sie sich nicht mehr in der Lage fühlen, selbst zu fahren.

»Oder umgekehrt«, hatte mein Sohn auf den Vertrag geschrieben. Das fand ich so lustig, dass ich es weitererzählte. Großer Fehler.

»Findest du es nicht heikel, wenn deine Kinder dich trinken sehen? Hast du nicht Angst, dass sie es dir nachmachen? Weißt du, ich kiffe nie zu Hause. Nur im Auto.«

»Hat dir Alex' Mutter Drogen angeboten?«, fragte mein Sohn grinsend nach diesem Mittagessen.

»Woher weißt du …?«

»Alex beliefert die halbe Schule aus ihrem Vorrat.«

»Ich trinke nur, wenn ich allein bin«, seufzte Marina, eine andere Freundin, die eine Cola zu ihren Miesmuscheln bestellt hatte – Cola light natürlich.

Wir saßen in ihrem Lieblingslokal, dem schummrigen Luna Park in der Valencia Street, das mit seiner gewichtigen Bar und seiner dunklen Einrichtung das Gefühl vermittelte, man könne ein Mittagessen ganz unamerikanisch bis in den Nachmittag hinein ausdehnen. Genau das tat Marina auch. Aber nur, wenn sie allein war: »Manchmal sitze ich hier ohne Gesellschaft, esse Fritten, damit ich was Ordentliches im Magen habe, und trinke Cola Rum, bis ich umfalle. Dann fahre ich nach Hause und schlafe, bis es Zeit ist, die Kinder von der Schule abzuholen.«

Und auf meinen vermutlich fassungslosen Blick: »Oh, ich bin keine Alkoholikerin. Ich bin Irin!«

Der traditionelle Stolz auf ihre Trinkfestigkeit mischt sich mit dem puritanischen Hang zur Abstinenz. Und führt so zu einer weiteren der vielen Widersprüchlichkeiten, die die Amerikaner mit so viel Selbstverständlichkeit und Unbeschwertheit ertragen, dass man ihnen anerkennend zuprosten möchte. Cheers!

Eine Stadt leidet an Eisenmangel

»Darf ich Sie etwas fragen?«

»Hm.«

Ich war nicht besonders gut gelaunt, nicht, nachdem ich bestimmt schon zehn Minuten bei Payless Shoes an der Kasse gestanden und darauf gewartet hatte, dass der junge Mann endlich die neun Dollar neunundneunzig für ein Paar Latschen eintippte.

Es war noch früh, der Laden leer, Cyril rannte rein und raus und sprach wenig vertrauenerweckende Hunde an. Während ich wartete, wartete, wartete. Der junge Mann hatte rote Apfelbäckchen, die unter meinem Blick noch röter wurden.

»Wie sieht mein Haar aus?«, fragte er.

»Wie sieht Ihr Haar aus???«

»Ist es irgendwie flauschig, bauschig? Oder eher struppig? Ich nehme ja sonst immer Gel oder Mousse. Haben Sie das auch schon mal ausprobiert, Mousse? Aber heute habe ich verschlafen und konnte nur kurz mit Wasser drüber, und jetzt frage ich mich die ganze Zeit: Wie sieht mein Haar aus?«

Ich schaute, ich überlegte, ich verkniff mir das Grinsen. »Ihr Haar sieht gut aus«, sagte ich schließlich. »Machen Sie sich keine Sorgen.«

Es dauerte dann immer noch eine ganze Weile, bis ich meine Pantoffeln kriegte. Doch meine schlechte Laune war verflogen. Ein Lachen blubberte in mir hoch wie zu schnell getrunkenes Sodawasser.

Ich lachte auch noch, als Cyril von einem Hund angeknurrt wurde, der ein Stachelhalsband trug, ebenso wie sein zwei auf zwei Meter messender Besitzer. »Armer Hund, hast du Hunger?« Cyril förderte einen antiken Fruchtgummi zutage, den der Hund ablehnte. Wir gingen zum Supermarkt hinüber, und die ganze Zeit grinste ich dümmlich vor mich hin.

Ich hatte dem Verkäufer geantwortet wie eine waschechte Amerikanerin: mit großem Ernst. Den Bewohnern der Bay Area fehlt es schmerzlich an Humor, darüber beklagen sich Neuzugezogene immer wieder.

Die über und über mit Tattoos bedeckte Yogalehrerin zum Beispiel, die einmal gewitzelt hatte, der leichte Schwindel nach dem Kopfstand ersetze ihr die illegalen Drogen. Unter dem empörten Blick ihrer Schüler musste sie sich gleich mit einer noch schwierigeren Fledermausposition rehabilitieren.

Oder: Als ich einmal einen dreifachen Espresso »intravenös« bestellt hatte, bekam ich ihn gar nicht, nicht einmal im Pappbecher. »Das ist nicht gut für dich. Die Spannung ist wie ein Knoten in dir«, sagte das junge Ding mit den untertassengroßen Scheiben in den Ohrläppchen am Kaffeeausschank.

Sogar die Kinder verströmten diesen missionarischen Ernst. »Sie, Ihr Sohn hat das ›A-Wort‹ benutzt!« In der Schweiz hätte ich nun *Pass uuf, du Täderlisack* angestimmt, aber hier? Was war überhaupt das »A-Wort«? Da musste ich raten, aber die richtige Antwort war mir unterdessen geläufig: »Thank you for sharing«, sagte ich, und das Mädchen hüpfte zufrieden davon. Wieder etwas eingerenkt.

Jeder Versuch, einen Witz zu erzählen, muss als solcher angekündigt und den Maßstäben politischer Korrektheit gerecht werden. Auf die Pointe verzichtet man sicherheitshalber lieber gleich.

Doch jedes Mal, wenn mir dieser Bierernst ernsthaft auf die Nerven zu gehen begann, entwaffnete er mich auch wieder. Wie heute bei Payless Shoes. Oder ich verabredete mich mit Paul, dem boshaften Briten, konsumierte lauter Dinge, die definitiv nicht »gut für mich« waren, und erzählte »A-Wort«-Witze.

Als ich im Café beim Supermarktparkplatz auf Paul wartete, kam die Kellnerin mit einem Glas voller Eiswürfel. »Du siehst mir etwas vernachlässigt aus«, sagte sie mütterlich. »Trink erst mal ein Glas Wasser, du bist bestimmt dehydriert. Das kann zu Depressionen führen, weißt du.«

Der boshafte Brite warf sich plötzlich auf den Metallstuhl gegenüber und kündigte an, dass er ernsthaft überlege, nach New York zu ziehen.

»New York!«, entsetzte sich die Kellnerin, die mitgehört hatte, wie es hier üblich war. »Was willst du denn in New York? Hier ist es doch viel schöner!«

»Schöner, schöner, vielleicht. Aber was hilft mir das. Ich halte es hier einfach nicht mehr aus: Es mangelt allen an Ironie – ›irony deficiency‹!«

Darüber musste sie einen Augenblick nachdenken. Dann nickte sie. »Ich weiß schon«, sagte sie. »Du musst mehr Spinat essen!«

»Spinat?«

»Ja, glaube mir, Spinat ist das einzige vegetarische Mittel gegen Eisenmangel – ›iron deficiency‹.«

Das Meer habe ich mir größer vorgestellt!

Es war ein typischer kühler Sommerabend, als ich mich in einem italienischen Restaurant in North Beach sanft unter den Tisch gleiten ließ. »Pulling a Dali« nennt man das, wenn man wie eine Sanduhr vom Stuhl rutscht, normalerweise als Folge fortgeschrittener Trunkenheit, in meinem Fall war es Scham.

Unter dem Tisch fischte ich meinen Schweizer Pass aus der Handtasche und aß ihn auf. Seite für Seite riss ich aus dem roten Büchlein und stopfte sie mir in den Mund. Keine Sekunde länger wollte ich Schweizerin sein, zu den Leuten am Tisch gehören, zwischen deren Beine ich kauerte, während sie sich lautstark über den mexikanischen Kellner lustig machten, der sie gefragt hatte, ob sie Deutsche seien.

»Deutsche! Der meint, wir seien Deutsche!«

»Und wahrscheinlich meint er auch, Venedig sei in Las Vegas!«

Nein, unter diesem Tisch würde ich mich so schnell nicht wieder hervorwagen. Ich nahm eine Nagelschere aus meiner Tasche und begann, an den Designerhosenbeinen, die mich wie ein teurer Wald umgaben, herumzuschnippeln. Meine handwerklichen Fähigkeiten sind begrenzt, aber eine kleine Reihe gezackter Tannenbäume kriege ich auch im Dunkeln hin.

Plötzlich wurde das Tischtuch hochgehoben, und eine ältere Amerikanerin beugte sich zu mir herunter. »Honey, ist alles o. k.?«

»Ja, klar, danke.«

Ich kannte die Dame nicht, aber sie tätschelte mir mitfühlend meine Hand, als wüsste sie genau, was in mir vorging.

Ich liebe es, von Wildfremden »Honey«, »Sweetie« oder gar »Love« genannt zu werden. Es klingt einfach so viel besser als »He, Sie da!«. Ich wusste aber auch, was die Schweizer oben am Tisch dazu sagen würden, wenn sie diesen Austausch mitbekommen hätten: »Typisch! Diese Oberflächlichkeit!«

»Nicht mal einen Namen merken können sie sich!«

»Diese Amerikaner!«

Wider besseres Wissen hatte ich mich angeboten, eine Gruppe Schweizer Kulturschaffender auszuführen. Schon die Vorgabe hätte mich stutzig werden lassen müssen: Sie wollten eine leichte, aber doch gediegene Küche, etwas Typisches, aber definitiv keine Hamburger und auch kein mexikanisches Essen. Sie wollten eine Aussicht auf die Stadt genießen und gleichzeitig draußen sitzen (was in San Francisco an vielleicht zwei Abenden pro Jahr möglich ist). Authentisch sollte es sein, angesagt und, ach ja, billig natürlich.

Ich führte sie nach North Beach, wo die Spaghetti mit Hackfleischsoße entwickelt worden waren und jedes zweite Gebäude ein Restaurant ist.

»Mögt ihr italienisch?«, fragte ich.

»Ja, schon«, sagten die Kulturschaffenden, »aber wissen die auch, wie man Scaloppine klopft, damit sie schön dünn sind? Wir wollen nicht etwa dicke Fleischklumpen runterwürgen! Warst du schon mal im Italia in der Zeughausstraße? Solche Scaloppine meinen wir.«

Nicht wie in Rom oder in Florenz, wohlgemerkt. Wie in Zürich sollte das italienische Essen schmecken.

Nun, wir fanden ein Lokal, das zwölf unangemeldeten Gästen Platz bot, von denen zwei nichts essen würden. Tische wurden zusammengeschoben, Speisekarten verteilt, Wassergläser mit tausend Eisstücken drin. Wie es in Amerika nun mal üblich ist. Das Wasser roch nach Chlor. Wie es hier nun mal riecht.

Das Wasser wurde zurückgeschickt. Mit einer Empörung, die dem Anlass nicht ganz angemessen war. Mineralwasser in Flaschen zu bestellen, kam für die Künstler auch nicht infrage; das war ihnen zu teuer. Wo käme man denn da hin? »In der Schweiz kann man das Wasser schließlich auch aus der Leitung trinken«, sagten sie. »Bei Zimmertemperatur, was für den Magen viel verträglicher ist …«

Ja, aber in der Schweiz wird es einem auch nicht einfach hingestellt. Man muss es verlangen, notfalls auf die Gesetzesbibel klopfen. Vielleicht sind die Schweizer deshalb so fordernd, so unerbittlich, weil sie jeden Tag mit vorgerecktem Kinn um ihr Wasserglas kämpfen müssen. Das automatisch immer halb leer ist.

Nächster Programmpunkt der Beschwerdenshow: das allgemeine Rauchverbot.

»Absolut einverstanden«, sagte ich. »Aber das weiß man doch. Militante Raucher in meinem Freundeskreis haben mir jahrelang den Besuch verwehrt, aus Protest. Das nenne ich Haltung. Aber warum sich in jedem Lokal von Neuem über das aufregen, was man von vornherein weiß? Das kommt mir dann doch ein bisschen gar un-zen vor.«

»Du bist wirklich schon zu lange hier«, sagte einer. »Du bist doch einfach total ›brain-washed‹.«

Das konnte ich nicht auf mir sitzen lassen. Ich folgte ihm nach draußen, um an seiner Zigarette – American Spirit – zu ziehen und ihn zu fragen, ob ihm auch auffiele, dass Schweizer mehr englische Ausdrücke benutzten als Amerikaner, und wenn ja, warum das so sei.

»Aucune idée«, sagte er. Und fast hätte ich so das Drama der Bestellung verpasst.

Die Kellner – zwei für unseren langen Tisch: eine junge Frau aus Russland, die eigentlich auf eine Modelkarriere hoffte und dafür nicht wirklich in der richtigen Stadt gelandet war, und ein junger Mann aus Mexiko – hatten Mühe, das lupenreine »Commedia dell'Arte«-Italienisch zu verstehen, in dem die Gäste bestellten, und mussten ein paar Mal nachfragen.

Mit viel theatralischem Augenrollen und ungeduldigen Seufzern wurden die Bestellungen wiederholt. Die beiden Kellner nahmen es mit bewundernswerter Fassung, obwohl ihnen die Verwirrung über die grobe Behandlung sichtlich ins Gesicht geschrieben stand.

Wohlgemerkt, bei meinen Tischgenossen handelte es sich ausnahmslos um gebildete, weit gereiste, weltgewandte Menschen, die sich allesamt selbst eine Bewusstseinsmedaille ans Revers heften würden. Leute, die überall sonst auf der Welt die herrschenden Sitten und Gebräuche respektieren würden. Dieselben wohlmeinenden Schweizer würden sich auf einen Besuch in – sagen wir mal – Kuba sorgfältig vorbereiten, sich auf landesübliche Speisen und religiöse Bräuche einstellen und Tanzschritte einüben. Schließlich sind sie ja keine Ignoranten, keine Pauschaltouristen, keine dumpfen Kleinbürger auf Jahresurlaub (welche – komisch, nicht? – kaum jemanden beleidigen, so klar ist ihre Rolle und Funktion für alle Beteiligten festgelegt).

Dieser Respekt gilt Amerika gegenüber nicht.

»Amerika hat schließlich keine Kultur, folglich gibt es auch nichts zu respektieren«, erklärte der Schweizer auf dem Trottoir draußen, eine American Spirit in der Hand.

Als die Rechnung kam, die Kulturschaffenden ihre Taschenrechner hervorholten, um ihren auf den Cent genauen Anteil an der Rechnung zu bestimmen (»Ich hatte schließlich nur ein Glas Wein und keine Vorspeise!«) und selbstverständlich niemand für das Trinkgeld zuständig war (»In der Schweiz ist das inbegriffen, ein viel sinnvolleres System.« »Ja, und sozialer!«), machte ich meinen Abgang. Auf allen vieren kroch ich durch das voll besetzte Restaurant, was in North Beach keinen wirklich schockiert.

Außer Sichtweite des Schweizer Tisches schüttete ich den Inhalt meines Geldbeutels in die erstaunt aufgehaltenen Hände der beiden Kellner aus: »Sorry, sorry, so, so sorry!«

»Aber nicht doch, Ma'am. Ihre Freunde sind So! Much! Fun!«

Später, in der legendären Tosca-Bar, in der ich noch nie eine lokale Berühmtheit gesehen hatte, obwohl die da alle Stammgast sein sollen, Coppola, Sharon Stone, George Lucas und Danielle Steel, holte mich einer der Künstler ein.

»Was regst du dich denn so auf?!«, sagte er nachsichtig. »So drücken wir Schweizer nun mal unsere Begeisterung aus. Indem wir uns beschweren!«

Und dann bestellte er mir einen Irish Whiskey, für den die Bar berühmt ist, und erklärte mir, was der Irish Whiskey mit Irland zu tun habe – rein gar nichts nämlich.

Doch nach nur drei (oder vier) Gläsern kam auch endlich Francis Ford zur Tür herein, und er hatte Sharon am Arm.

Aber das ist eine andere Geschichte.

Abstecher:
Touristenattraktionen, die auch
Einheimischen gefallen

Eine Fahrt im **Cable Car** gehört nun mal zum San-Francisco-Experience, nicht aber das lange Schlangestehen an den Endstationen. Einheimische springen **unterwegs** auf den fahrenden Wagen auf und bezahlen drinnen beim Fahrer.

Lilly Hitchcock Coit widmete den **schiefen Turm von San Francisco** den Feuerwehrmännern, die 1906 so tapfer versucht hatten, die Stadt zu retten. Nachts zu zweit besuchen, Flasche Champagner und Gläser mitbringen und anstoßen. **Coit Tower**, 1 Telegraph Hill Boulevard, Tel. 415-362 0808, www.coittower.org.

In **Harry Dentons Starlight Room** im einundzwanzigsten Stockwerk des Sir Francis Drake Hotel tanzen gehen. Weil's so schön ist, weil man die hundert Jahre alten Discohits erkennt und weil man sich nach zwei Drinks eins mit der ganzen Welt fühlt, auch mit den Geschäftsherren aus Dänemark und den Familien aus Minnesota an den Nebentischen. 450 Powell Street, Tel. 415-395 8595, www.harrydentons.com.

You're gonna meet
some gentle
people there

AMERICA'S FAVORITE SUGAR NOW IN AN EASY-POUR CARTON!
• EASY TO POUR
• EASY TO RE-CLOSE
• EASY TO STORE
• FEWER SPILLS
People who know use C&H
People who insist on using only the finest ingredients insist on using only C&H sugars for some very good reasons.

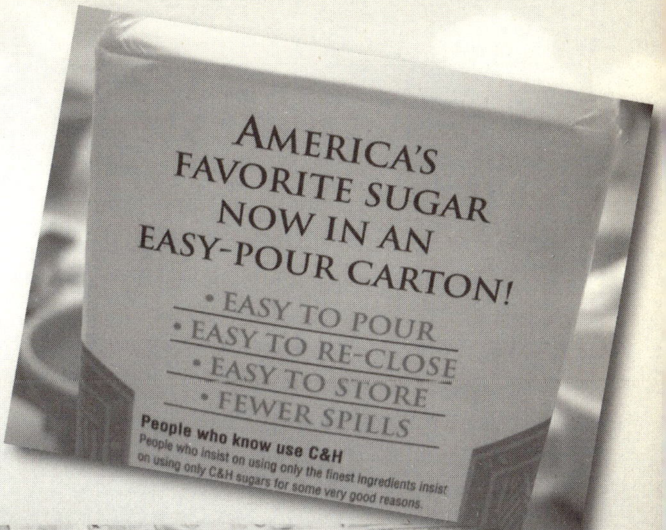

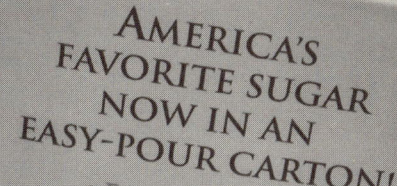

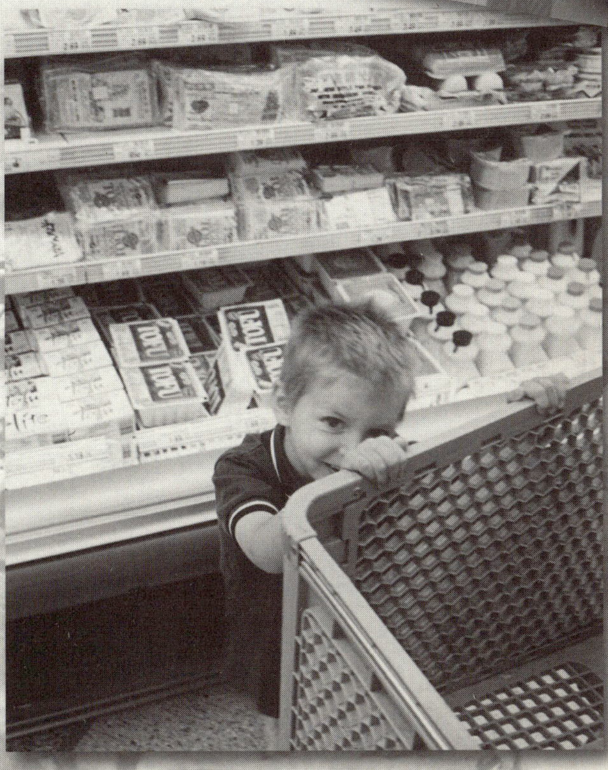

Der Mittwoch-morgenfreund

Jeden Mittwochmorgen um halb neun ließ ich den Schnell-bus der Linie 38, den ich zu anderen Tageszeiten nahm, vorbeifahren und stieg in den nachfolgenden Bummel-bus.

Am Steuer saß Herman, ein gut aussehender dunkelhäu-tiger Mann in der unvorteilhaften braunen Uniform der Diener des öffentlichen Verkehrs. Sein Alter war schwer zu schätzen. Sein schwarzes Haar war zu öligen Zöpfen ge-dreht, und manchmal trug er eine Sonnenbrille aus Plastik, die sein halbes Gesicht verdeckte.

Er begrüßte jeden Fahrgast mit einer Bemerkung über das Wetter, den Fahrplan, sein Aussehen oder Gott. Je nachdem.

Der Bus rüttelte los, den Geary Boulevard entlang, eine uninspirierte, sechsspurige Straße, an der sich Dim-Sum-Lokale, Wäschereien und russische Delikatessengeschäfte aneinanderreihten. Der Bummelbus hielt an jeder dritten Querstraße und brauchte eine gute Stunde, bis er die In-nenstadt erreichte.

»Die Sechste, meine Damen und Herren, die Sechs-te!«, rief Herman aus. »Zur Rechten haben wir das Kaiser Permanente Medical Center – denen, die hier beim Kran-kenhaus aussteigen, wünsche ich einen schönen Tag. Ich hoffe, Sie arbeiten hier und sind nicht etwa krank! Und zur Linken haben wir Taco Bell, mexikanisches Fast Food, und nicht mal schlecht. Ist jemand hungrig? Dann steigen Sie bitte auch hier aus.«

In der 6th Street kam jeden Morgen eine chinesische Familie in den Bus, die Mutter brachte das Mädchen zur Schule, der Großvater den Jungen in den Kindergarten, nur drei Haltestellen weiter. Jeden Morgen weinte der Kleine, wenn er vom ungerührten Großvater zur hinteren Tür geschoben wurde und die Fahrt schon ein Ende hatte. Die Mutter drehte sich auf dem Sitz um und winkte, das Mädchen lehnte sich an sie, einen zufriedenen Ausdruck im Gesicht.

»Junger Mann«, begrüßte ihn Herman, »du bleibst am besten gleich hier stehen und schaust zu, wie ich den Bus lenke, deine Station kommt ja gleich.« Und zur Mutter: »Gut sehen Sie aus heute Morgen.«

Zwei Schüler in der Uniform der katholischen Schule gaben Herman einen Briefumschlag. Gestern hatten sie nach der Schule eine halbe Stunde auf den Bus gewartet, waren später als vereinbart nach Hause gekommen und von den besorgten Eltern bestraft worden. Nun hatten sie einen Brief geschrieben: dass das ungerecht sei. Dass drei Busse an ihnen vorübergefahren seien, dass sie durchaus die Absicht gehabt hätten, pünktlich zu sein, »aber erklär das mal meinen Eltern«.

Herman nahm den Brief entgegen, klemmte ihn ans Armaturenbrett und versprach, ihn weiterzuleiten.

»An wen?«, fragten die Schüler ernsthaft.

»Na, an den Bürgermeister.«

Ein Betrunkener in zerrissener Kleidung rutschte auf den Knien durch den Mittelgang nach vorn. »Bruder«, sagte er zu Herman, »Bruder! Wo ist der nächste Schnaps-laden? Kannst du da schnell mal halten? Ich fleh dich an.«

»Bruder selbst«, sagte Herman, »findest du nicht, es ist zu früh zum Trinken?«

»Was will der Mann?«, fragte ein Kind. »Warum kniet er?«

Er kniete, bis der Bus endlich die Innenstadt erreichte und tatsächlich direkt vor einem Schnapsladen hielt. Drei-mal war der Betrunkene von Endstation zu Endstation gefahren, bis er die günstig gelegene Haltestelle wiederge-funden hatte.

Herman schnalzte mit der Zunge.

»Und hier kommt Park Presidio, Park Presidio, Ladies and Gentlemen. Gleich hinter uns hat ein Schnellbus auf-geholt, wenn Sie es eilig haben, können Sie hier umstei-gen. Ich nehme es nicht persönlich. Hier haben Sie auch die Buslinien 19, 34 und 44, von hier geht es zur Golden Gate Bridge, zum Park, zum Hafen runter, kurz: eigentlich überallhin.«

Endlich sagte er den Satz, auf den ich gewartet hatte, bevor auch ich aussteigen und meinen Mittwoch beginnen konnte: »Alles andere, Ladies and Gentlemen, alles andere liegt entweder dazwischen oder jenseits.«

Die freiwillige Putzperson

Am Telefon schwieg er lange. Und entschuldigte sich dann dafür. »Ich versuche, ein Zeitfenster zu finden, in dem ich dir meine volle Aufmerksamkeit schenken kann.«

Seine Telefonnummer hatte ich von einer Freundin. Mike hieß er, der politisch korrekte Putzmann, den man ohne schlechtes Gewissen engagieren konnte. Er war weiß, männlich, die einzige Minderheit, der er angehörte, war in San Francisco nicht wirklich eine, und er tat es freiwillig. Putzen, meine ich.

Mike stand vor der Tür, verschwitzt vom Radfahren, etwas pummelig, sehr weißhäutig, beinahe rosig. Seine Wimpern und Brauen waren farblos, der Schädel glatt rasiert. Sich seines Furcht einflößenden Äußeren bewusst, sprach er in extra lieblichem Tonfall. Er begrüßte mich, als hätten wir uns lange gesucht und endlich gefunden.

Ich kochte Kaffee, während er die Wohnung inspizierte, die Besen, die Putzmittel. Ich war froh, dass ich noch rechtzeitig daran gedacht hatte, beim Nachbarn einen Staubsauger auszuleihen.

Ich brach eine Ecke meiner aus der Schweiz importierten Lieblingsschokolade ab und legte sie neben seine Tasse. Ich wartete.

»Hmm«, hörte ich ihn gedämpft, »ahja. Mhm. Aha.«

Meine Handflächen wurden feucht. Noch war nichts entschieden.

Endlich kam er wieder in die Küche, bedankte sich artig für den Kaffee, die Schokolade lehnte er ab. Er versuche gerade abzunehmen. »Iss du sie ruhig, Baby, nur nicht, wenn ich zuschaue.«

»Und?«

Er nickte langsam. »Ja. Da sehe ich durchaus Möglichkeiten.« Mike nahm einen Notizblock aus der Tasche. »Ich würde Folgendes vorschlagen«, sagte er. »Ich beginne in der Küche. Wenn etwas abzuwaschen ist, wasche ich ab, wenn viel abzuwaschen ist, dann mache ich auch das. Wenn allerdings nichts abzuwaschen ist, habe ich mehr Zeit, mich den Böden zu widmen. Ich glaube, wir haben da ein kleines Problem mit Farbspritzern, nicht? Also«, er kritzelte auf seinen Block, »du verstehst, was ich meine, Honey?«

»Ja, natürlich, Mike.« Abwaschen und Farbspritzer vom Linoleum kratzen waren zwei ganz verschiedene Aufgaben.

Mike war eigentlich Koch, auf Englisch Respekt einflößend »chef« genannt. Seine empfindlichen Füße hatten ihn gezwungen, diesen Beruf aufzugeben. Durch einen Freund war er »ins Putzgeschäft« gekommen. Dreißig Kunden hatte er inzwischen, die er alle zwei Wochen besuchte. Nein, nicht öfter, schon gar nicht im ersten Jahr der Bekanntschaft. »Geduld, Sweetie!«

Auf seiner Visitenkarte stand »Master Cleaner«. Ein Master war noch mehr als ein Chef. Glaube ich.

»Ich habe gehört, du schreibst Bücher.«

Ich nickte unverbindlich. Bücher schreiben ist meistens gut, aber nicht immer.

»Ich habe gehört, du hast ein Buch über eine Putzperson geschrieben.«

»Nun ja«, sagte ich, »das ist allerdings lange her.« Und plötzlich war ich froh, dass das Buch nicht ins Englische übersetzt worden war.

»Ich habe einen anderen Kunden, der einen Krimi geschrieben hat. Die Heldin führt ein Putzinstitut und stolpert dauernd über Leichen. Oder ihre Angestellten, denn sie selbst putzt gar nicht richtig. Er hat es mir zum Lesen gegeben.«

»Und?« Es kam mir vor, als hätte ich das Buch selbst gelesen, vor ein paar Jahren. Mein Gott, denke ich, ich teile meine Putzperson mit einem berühmten amerikanischen Krimiautor. Ich war wirklich im Land der unbegrenzten Möglichkeiten.

Mike stellte seine Tasse ab.

»Ich glaube, Leute, die schreiben, verstehen grundsätzlich nichts vom Putzen.«

Ich nickte, gedemütigt.

»Aber lass den Kopf nicht hängen, Dear. Du hast ja nun mich!« Mike schaute auf die Uhr und stieß einen kleinen Schrei aus. »Mein Gott, die Zeit verfliegt! Ich habe gleich einen Fototermin!«

Er stülpte sich eine Strickmütze über die Glatze und stand auf. Dann breitete er die Arme aus, zog mich an sich, küsste mich feierlich, wie Staatsmänner einander küssen oder wie der Papst.

Und ich wusste: Alles wird gut.

Karrierefrau und Wiedergeborene

Ich war dazu übergegangen, Tee zu kochen, mittwochs um halb sechs, wenn Ywana kam. Unsere Söhne hatten sich im Alternativkindergarten angefreundet. Meist holte ich sie beide ab, damit sie bei uns noch spielen konnten, bis Ywana von der Arbeit kam. Sie klingelte pünktlich um halb sechs, und ich schenkte uns Tee ein. Schwarzer Kaffee und Ywana, das war zu viel für mich.

Sie fegte in die Wohnung, klein, drahtig, nicht aufzuhalten. Ihr Redeschwall setzte oft schon auf der Treppe ein, bevor ich überhaupt die Tür geöffnet hatte. Ich folgte ihr wie ein Hündchen, immer war sie einen Schritt voraus, schon hatte sie das Wasser aufgesetzt, den Sand aus den Kinderschuhen geschüttelt, zu sich selbst gefunden.

Heute war alles schwierig. Ein Telefongespräch hatte Ywana aus dem Gleichgewicht gebracht. Eine einzige dumme Bemerkung hatte ein Loch in ihre Seele gebohrt, aus dem innerhalb von Minuten alle Energie abgelaufen war. Ywana hatte sich hinlegen müssen.

»Ich habe sogar meinen Heiler angerufen«, sagte sie. Obwohl sie auch zu Gott eine privilegierte Beziehung unterhielt, ihn im Gespräch beiläufig erwähnte wie einen alten Bekannten, verließ sie sich in solchen Zuständen nicht auf ihn. Der Heiler behob schlechte Stimmungen aus der Ferne. Zweifel, Kummer, Eifersucht, selbst Depression – im Äther aufgelöst. Einfach so. An manchen Mittwochnachmittagen bettelte ich auf den Knien um seine Nummer. Doch Ywana rückte sie nicht heraus.

»Was hat er gesagt?«

»Ich soll aufhören, mich auf die Krankheit zu berufen.«

Es war nicht leicht, sich vorzustellen, dass Ywana sechs Monate lang im Bett gelegen hatte, nach der Geburt ihres zweiten Kindes, das jetzt auf dem Sofa Tarzan spielte. Sechs Monate lang war sie zu müde gewesen, um aufzustehen, sich anzuziehen, das Geschirr abzuwaschen. »Dann hatte ich eine Vision: Ich liege im Krankenhaus mit Schläuchen in den Armen, in der Nase und sterbe. ›Steh auf‹, sagt eine Stimme zu mir, ›steh auf und finde zu dir.‹«

Damit war sie nun seit vier Jahren beschäftigt, mit derselben Radikalität, mit der sie alles tat. Mit der sie ihre Ausreise aus der UdSSR geplant hatte, drei Karrieren gleichzeitig verfolgte und auch ihre Familie unter Kontrolle hatte.

»Ich wollte nie zu Hause bleiben«, sagte sie, »ich war eine richtige Karrierefrau. Mit drei Berufen: Ich war Steuerberaterin, Rechtsanwältin und Russischlehrerin. Mein Mann hat immer gesagt, er wolle ein Nashorn heiraten, um wie ein hübscher kleiner Paradiesvogel – oder meinte er in Wirklichkeit einen Parasitenvogel? – auf seinem Rücken zu sitzen, seine Haut zu kratzen und schöne Lieder zu singen. Während das Nashorn durch die Steppe trabt und tut, was ein Nashorn eben tun muss.«

Doch dieses Nashorn legte sich eines Tages hin und stand nicht mehr auf. Ywana gab ihre sämtlichen Karrieren auf, blieb zu Hause, der vogelfreie Ehemann war gezwungen, Geld zu verdienen.

»Gott sorgt gut für mich«, sagte sie, »er hat mir schwierige Kinder gegeben, damit ich von ihnen lerne.«

Sie hatte mir russischen Teekuchen mitgebracht. »Ich wusste, dass er dir schmecken würde.« Sie selbst rührte ihn nicht an, sondern schaute mir beim Essen zu. Ihre Augen waren riesig, dunkel, mit einer dicken schwarzen Linie nachgezogen. Ihr Redefluss umspülte, schwappte über mich. Ich hatte es längst aufgegeben, ihr zu folgen.

»Hast du je einen Menschen getroffen, der dir ähnlicher ist als ich?«, fragte sie, das herrschende Chaos ebenso ignorierend wie die Tatsache, dass sie sich als zwanghaft ordentlich bezeichnete. Sie räumte den Tisch ab, wischte die Krümel in die hohle Hand, legte ein Supermarktmagazin mit der Schlagzeile »Frau tötet Ehemann« zur Seite.

»Du und ich«, sagte sie, »für uns zählt nur das geistige Wachstum, nicht?«

Als sie gegangen war, war es seltsam still in der Wohnung. Die Kinder lagen ermattet vor dem Sofa auf dem Fußboden. Mir war etwas schwindlig. Ich nahm den Telefonhörer ab und lauschte dem lang gezogenen Tuten, das eine freie Leitung anzeigte, hinter dem sich aber ebenso gut ein Heiler verbergen könnte.

Pink Pearl

An diesem Abschnitt der Clement Street reihte sich ein Salon an den anderen, sie warben alle mit denselben weiß lackierten Holzschildern, schräg auf den Gehsteig gestellt. Die Passanten stolperten, blieben stehen oder wichen aus. Fingernägel, Zehennägel, Acrylnägel, nur die Preise waren unterschiedlich.

Pink Pearl war am billigsten. Ihr Salon befand sich direkt vor der Bushaltestelle, ein schlauchartiger Raum mit vier Arbeitsplätzen, in dem sich immer mindestens zwölf junge Frauen aufhielten, meist Asiatinnen, frisch eingewandert und ohne Familienanschluss, ausgeschlossen aus Gründen, die niemand kannte. Sie trugen einen Kasten mit bunten Nagellackfläschchen vor den Bauch gebunden, wie die Zigarettenmädchen in Schwarzweißfilmen. Drei von ihnen, manchmal auch mehr, standen um die eine herum, die gerade arbeitete. Sie unterhielten sich auf Kantonesisch, Vietnamesisch, Thai, kicherten und bedeckten dann den Mund mit einer Hand.

Pink Pearl zahlte besser als die anderen Salonbesitzer, dafür hatte sie immer so viele Mädchen im Laden, dass unmöglich alle etwas zu tun haben konnten. Pink Pearl war keine Chinesin. Wo sie herkam, hatte sie vergessen. Das Diplom an der Wand verblichen, unlesbar. Sie wollte sich nicht erinnern, ihr Akzent war undefinierbar und Pearl nicht ihr richtiger Name. Sie bot diesen Mädchen, die durch die eng gestrickten Maschen der asiatischen Gemeinde gerutscht waren, ein zweites Zuhause. Mittags bereitete sie eine warme Mahlzeit für sie vor, hinter dem Vorhang, der den Salon unterteilte. Es roch nach zu lange gekochtem Kohl, manchmal nach Fisch.

Eine alte Russin trat ein, sie ging am Stock. Weiße Locken, sorgfältig zum Turm gebaut, leuchtend rosafarbenen Lippenstift gleichmäßig auf der unteren Gesichtshälfte verteilt. Eine dazu passende Farbe verlangte sie, für Fuß- und Fingernägel. Zwei Mädchen sprangen auf, sie scheuchte sie weg. »Die da will ich«, sagte sie und zeigte auf die Einzige, die gerade beschäftigt war. Beim ersten Kichern fuhr sie auf. »Was gibt es da zu lachen, redet ihr etwa über mich? Das gehört sich nicht. Wir sind hier in Amerika, also redet gefälligst Englisch!«

Die Mädchen zuckten mit den Schultern, wechselten einen Blick. Englisch? »What color, Ma'am? Square or pointed? Please pay now. Thank you Ma'am.«

Die Russin bückte sich ächzend, zog ihre Schuhe aus, senkte die Füße mit einem lauten Stöhnen in ein Becken mit heißem Wasser. »Ich schau euch immer zu, wenn ich hier auf den Bus warte«, sagte sie. »Hier wird noch anständig gearbeitet, das seh ich gleich. Nun zeigt mir, was ihr könnt!«

Das Mädchen, das sie sich wünschte, winkte eine Kollegin heran, die etwas Englisch sprach, eine ernsthafte Person mit dicken Brillengläsern. Vier verschiedene Farben Rosa breitete sie aus. Keine traf genau den Ton der Lippen.

Die Russin kontrollierte ihr Aussehen im Spiegel, bleckte die Zähne. Jetzt wollte sie die Chefin sprechen.

Die Mädchen erstarrten. Pink Pearl kam nie nach vorn. Sie sprach mit niemandem außer ihren Mädchen. Sie saß hinter dem Vorhang, wo sie auch die Kasse bediente, vor neugierigen Blicken geschützt.

»Sie ist heute nicht da«, sagte das Mädchen mit der Brille.

»Versuch nicht, mich anzuschwindeln!« Die Russin verzog das Gesicht, ihr Schmollen hatte einen drohenden Ausdruck. Unter dem Vorhang schaute ein Paar Gummisandalen hervor.

»Möchten Sie vielleicht eine Tasse Tee?«, versuchte es das Mädchen noch einmal.

»Ich will die Chefin sprechen. Ist das denn zu viel verlangt?«

Der Vorhang bewegte sich, Pink Pearl schob sich seitlich zwischen den Tischen hindurch, schwer schnaufend, in einem zeltartigen, mit Blumen bedruckten Kittel und in den Gummisandalen, die sie verraten hatten.

»Was willst du?«, fragte sie unerwartet grob.

Der Russin verschlug es für einen Augenblick die Sprache.

»Diese Stimme würde ich doch überall erkennen«, fuhr Pink Pearl fort. »Nun komm schon!«

Sie schloss die alte Frau in die Arme, die zu weinen begann.

»Rosa«, schluchzte sie. »Rosa!«

Den Rest konnten die Mädchen nicht verstehen, sosehr sie sich auch anstrengten. Jetzt wussten sie, was die Russin gemeint hatte, als sie darauf bestand: »Sprecht gefälligst Englisch!«

Furchtlos Fahren

»Willkommen«, sagte die Stimme auf dem Band, beruhigend klang sie, kühl wie ein feuchtes Tuch auf einer fiebrigen Stirn. »Willkommen bei Furchtlos Fahren.« Die Stimme gehörte Ann Judy Lundblad, Fahrlehrerin extraordinaire, die es sich zur Aufgabe gemacht hatte, die Freude am Fahren zu verbreiten, vor allem bei Erwachsenen, Ängstlichen, bei hoffnungslosen Fällen.

Da, wo die furchtlosen (Auto-)Fahrer herkommen, wollte ich auch hin. Denn ich hatte Angst vor der Straße, vor anderen Autos, Fußgängern, Fahrrädern, Roll- und Schneebrettern. Nicht für Geld und gute Worte würde ich mich hinter ein Lenkrad (oder eine Lenkstange) setzen. Doch ich musste ja unbedingt nach Amerika ziehen, »land of the race car ya-yas«. Wo Zufußgehen strafrechtlich verfolgt wird und dem Wort Mutter eine Automarke vorangestellt wird: Volvomom.

Eine Zeit lang versuchte ich es busfahrenderweise, als ich noch an der 38er-Linie wohnte, der einzigen, auf die minimal Verlass war, und trotzdem kam ich überall zu spät oder gar nicht erst an. Das Fahrrad, das mich und zwei Kinder samt Lunchbox, Rucksack und siebenhundert anderen Dingen, die in amerikanischen Schulen täglich erwartet werden, transportieren konnte, war noch nicht erfunden.

Ich bat also meinen Mann, mir das Autofahren beizubringen.

»Gefühl«, sagte er, als ich auf die Gegenfahrbahn schlingerte, »du musst es einfach nach Gefühl machen«, als der Motor mitten auf der Kreuzung hustend verreckte, als ich den Blumenkübel rammte. Dieses spezielle Gefühl ging mir offensichtlich ab, und es kam, wie es immer kommt, wenn einer dem anderen etwas beibringen will, speziell etwas Schwieriges wie Stricken, Singen oder Autofahren: Wir gingen im Streit auseinander.

Judy kannte das. Ihre durchschnittliche Schülerin war weiblich, vierundvierzig, frisch geschieden und sagte Sätze wie: »Mein Mann hat mich überall hingefahren, aber jetzt ist er weg.«

»Für eine Schweizerin sind Sie recht nett«, sagte Judy, eine kleine drahtige Frau, die sich von Kraftriegeln ernährte. Ihre Lieblingsschülerin Doris war Schweizerin, neunundsechzig, frisch geschieden, ohne Führerschein. Drei gebellte Nachrichten hinterließ Doris zu Anfang: »Warum rufen Sie mich nicht zurück?«, imitierte Judy ihren Akzent – es klang, als machte sie Arnold Schwarzenegger nach. »Ich ganz vorsichtig: ›Also als Erstes müssen wir sehen, ob wir miteinander auskommen, wissen Sie, Ihr Ton …‹ Und sie: ›Was? Mein Ton? Ach, mein Ton. Machen Sie sich nichts draus, das ist der Schweizer Ton, so sind wir eben.‹« Nach einem Jahr Vorbereitung schaffte Doris die Fahrprüfung. Drei Kopien ließ sie sich von ihrem Führerschein anfertigen, die sie kommentarlos an Exmann, Schwager und an ihren erwachsenen Sohn schickte, die es ihr alle nicht zugetraut hatten.

Judy, die als Fahrerin für Federal Express öfter auch Charles Manson ein Päckchen ins Gefängnis gebracht hatte, fand nach der Viertelstunde Testfahren auch zu meiner Darbietung ein aufmunterndes Wort: Den Abstand zwischen Auto und Randstein hätte ich recht gut eingeschätzt.

Mit sechs Stunden bis zur Prüfung rechnete sie.

Ich war ziemlich stolz auf mich, bis sie mich darüber aufklärte, dass die kalifornische Fahrprüfung aus zehn Minuten im Viereck fahren besteht.

»Was plagt dich noch?« (Furchtlose Fahrstunden sind wie Therapie und nur wenig teurer.)

»Die Spur wechseln«, sagte ich.

Schon beim Ausparken musste ich mir überlegen, in welche Spur ich einbiegen sollte, um diese bis zu meinem Ziel behalten zu können. Das sonst plötzlich ein völlig anderes war als das ursprünglich vorgesehene. Ich konnte grundsätzlich immer nur bis zum Ende meiner Spur fahren. Die Spur ist das Ziel. Das mag philosophisch interessant klingen, gestaltet aber den Alltag eher kompliziert.

»Auch Ausparken«, setzte ich als weiteres Lernziel auf meine Liste. Denn bisher sah mein Ausparken so aus: oben Sturm klingeln und »Phil, kannst du bitte mal …?« rufen.

Ja, und dann sind da die Brücken in San Francisco … Brücken sind schön. Auf Postkarten. Doch wie schnell ist man von einer runtergefallen.

Das war mein nächstes Ziel: über Brücken fahren.

»Das kriegen wir hin«, sagte Judy, »das kriegen wir hin.« Eine ihrer oft gebrauchten Beruhigungsformeln.

Das ist San Francisco: steile Hügel, auf denen öfter mal eine Stretchlimousine stecken bleibt, Vorder- und Hinterräder hilflos in der Luft; ausgeprägter Individualismus der Einwohner, der sich im allgemeinen Ignorieren von Verkehrsregeln, Ampeln und Zebrastreifen zeigt; Nebel so dicht, dass man das Ende der Kühlerhaube nicht sieht; zu viele Autos überall, zu wenig Parkplätze.

Hier richtet sich der Tagesablauf ganz nach der Parkplatzsituation: Man arbeitet eine Stunde länger, bis in der Parallelstraße das Parkverbot aufgehoben wird, lauert an Straßenecken, bis die Politessen mit ihren lächerlichen Politessenmobilen durch sind, verfolgt Menschen, die aus Restaurants kommen, zu ihren vielleicht in der Nähe geparkten Wagen. Wer einen Platz für die Nacht gefunden hat, geht abends nicht mehr aus.

Mein Handicap, kombiniert mit der typisch europäischen Vorliebe für schiffformatige amerikanische Oldsmobile, bedeutete, dass ich einen doppelten Parkplatz finden musste, in den ich dann gemütlich vorwärts reinfahren konnte. Nicht selten kurvte ich vierzig Minuten lang ums Haus, bevor ich oben klingelte. »Phil, kannst du bitte mal ...?«

Wenigstens ein Problem hatte ich als Europäerin nicht: Ich brauchte nicht das Gefühl haben, nicht Auto fahren zu können sei eine Schande. Für Amerikaner ist es das nämlich. Hier, wo der Führerschein als Ausweis gilt, ist es schon verdächtig, keinen zu haben. Was stimmt nicht mit Ihnen? Kriminell? Zurückgeblieben? Jedenfalls minderwertig.

Eine Studie der Psychiatrischen Fakultät der Stanford University, die sich mit der irrationalen Angst vor dem Autofahren und ihrer Behandlung befasst, konnte nur durchgeführt werden, weil den Betroffenen Anonymität garantiert wurde. Die Angst vor dem Fahren bleibt lieber geheim, sie ist das letzte Tabu selbst in einer Stadt, in der Männer Stöckelschuhe tragen und Frauen ihre Glatzen tätowieren lassen.

»Ich fände es toll«, sagte Judy, »wenn ich dazu beitragen könnte, die Toleranz für dieses Problem zu wecken.« Trotzdem hatte sie kein zweites Lenkrad auf ihrer Seite des Wagens, sondern nur Brems- und Gaspedal. Damit sie ihre Schüler nicht in Verlegenheit brachte, wenn sie sie zum Beispiel von der Arbeit abholte.

An der rechten Hand trug Judy einen Handschuh. Wegen der Blasen, die sie kriegte, wenn sie sich am Türgriff – ihrem »panic handle« – festklammerte. Ab und zu musste sie ihren Schülern schon mal ins Lenkrad greifen. Und manchmal verkrampfte sich jemand in der Panik und ließ nicht los. Dann wurde Judys sanfte Stimme plötzlich scharf: »Loslassen, Mädchen, loslassen!«

Nicht, dass ich … Natürlich nicht.

Bei einer Fahrstunde, als ich wieder einmal vom Glauben, dass ich nie Autofahren lernen würde, niedergedrückt wurde, fragte ich Judy nach Schülerinnen, die noch schwerere Fälle als ich waren. Sie erzählte von hundertsechsundsechzig Nonnen, die sie getestet hatte und von denen nur die Hälfte den Führerschein behalten konnte. »Fragen Sie mich nicht, warum, aber die können alle nicht rückwärtsfahren.« Von der Journalistin, die ihr Auto mitten auf der Rampe des Parkhauses stehen ließ, weil sie sich nicht die Spirale runtertraute. Die Passanten um Hilfe anflehte, während sich hinter ihrem Wagen eine wütend hupende Autoschlange staute. Von der Achtundachtzigjährigen, die schneller auf der Straßenbahninsel war, als Judy eingreifen konnte. »Ich war's nicht«, sagte sie, »ich habe nichts getan.«

Von der Schweizerin, die auf der Autobahnauffahrt in Panik eine Kehrtwende machte und einem Lastwagen mit Anhänger den Weg abschnitt … ups!

Das war ich.

Ich war auch die, die in den Rückspiegel schaute und nervös fragte: »Bin ich zu langsam? Bin ich im Weg? Ist wohl der Sportwagen hinter mir (alles außer meinem Auto ist ein Sportwagen) sauer auf mich?«

Aber da war ich nicht die Einzige. Ich war auch nicht die Einzige, die jedes Hupen persönlich nahm. Selbst wenn ich es im Fernsehen hörte, wo es erwiesenermaßen Don Johnson galt.

»Die Straße gehört dir, Mädchen.«

Judy überzeugte mich so weit, dass ich die Fahrprüfung bestand und mir auch gleich ein Auto kaufte. Das heißt, mein Freund Steiner kaufte das Auto, nachdem er mich erst einem Persönlichkeitstest unterzogen hatte: »Siehst du dich als Cadillac-Persönlichkeit?«

»Dass du das überhaupt fragen musst!« Beleidigt rauschte ich ab.

Während er den Caddie auftrieb, kaufte ich die Heiligenfiguren für die Ablage. Ich bin eigentlich nicht katholisch, aber ich fand, in gewissen Situationen darf man nicht wählerisch sein, sondern man muss jeden Schutz annehmen, den man angeboten kriegt. Auf dem Freeway sang ich ein Yoga-Mantra. Und am Rückspiegel baumelte ein Stoppschild aus grüner und blauer Knete, das Lino gebastelt hatte. Es war ein Fantasiestopper. Er sollte mich davon abhalten, mir alle denkbaren Unfälle vorzustellen.

Wenn alle Religionen nicht halfen, rief ich Judy an. »Wie war das noch mal?«

»Geh raus, Mädchen. Du kannst es. Die Straße gehört dir.«

Genau was ich befürchtet hatte.

Das volle Hundeleben

Der knallfarbene Flyer stach mir sofort ins Auge: eine kräftige Kinderzeichnung, spielende Hunde auf einem windschiefen Hügel, die Sonne in der linken oberen Ecke mit Strahlen bis zum Bildrand.

»Jeder Tag ein Abenteuer!« stand darauf.

Wer könnte da widerstehen. Ich riss den Anschlag vom Laternenpfahl und las im Gehen weiter, während die braune Einkaufstüte gegen meine Beine schlug.

»Die Nachbarschaft erkunden! Spielend lernen! Freundschaften schließen und in der Gruppe wachsen!«

Und das alles für nur sechs Dollar pro Tag. Da würde ich Cyril doch sofort anmelden. Das war genau, was er brauchte. Ich hatte das Telefon schon in der Hand, als ich die Worte richtig zusammensetzte: »DOGGIE Day Care« stand da.

Eine Tagesstätte für Hunde. Nicht für Kinder.

Deshalb die Hunde auf der Zeichnung. Genau.

Ich hätte es mir ja denken können. Hunde leben gut hier in San Francisco. Nein, Hunde leben besser, eigentlich am besten: Abgesehen von hundezentrierten Tagesstätten gibt es Hundetaxis, Läden mit biologischem Hundefutter, zahnfreundlichem Futter, Diätfutter, ja, es gibt sogar Lieferdienste für Gourmetfutter. Jedes Café hat Wassernäpfe und Hundekuchen draußen stehen, und die Hundebesitzer sorgen dafür, dass sich keine Raucher zu ihren Fifis setzen. Das heißt, nicht Hundebesitzer, sie nennen sich hier Hundeeltern …

Gegen Leinenzwang wird fast leidenschaftlicher demonstriert als gegen Kriege. Manche Parks sind ganz in Hundehand übergegangen, zum Beispiel in den eleganten Pacific Heights, den steilen Hügeln, wo die Reichen von jenseits der Brücke ihre Stadtwohnungen haben und wo Kinder ohnehin nicht draußen rumtoben; dort ist der Spielplatz nun Möpsetreff. Einmal im Monat sind da die Knautschgesichter unter sich.

Meine Freundin Pam besuchte mit ihren zwei Hunden jedes Jahr eine Kostümparty nur für Corgis. Beide mit Schaumgummibrötchenhälften als Hotdogs verkleidet. Einmal hatte sie allerdings den Golden Retriever ihrer Cousine eingeschmuggelt – er ging als Corgi. Mit angesetzter Körperlänge vorn und hinten und einer samtgefütterten Krone, wie sie die Königin von England, Schutzpatronin der Corgis, zu besonderen Gelegenheiten trägt.

Ja, selbstverständlich gibt es in San Francisco auch Hundeboutiquen, die je nach Stadtviertel Strohhüte, Westen und Krawatten oder Lederkäppis und Bandanas anbieten. Oder eben Faschingskostüme.

San Francisco mag ein großes und ungelöstes Problem mit Obdachlosen haben, an dem sich schon der zweite Bürgermeister die Zähne ausbeißt. Es gibt keine Notschlafstellen, keine ambulanten Kliniken und kein Geld. Aber für streunende Hunde wird gesorgt: Sie werden regelmäßig eingesammelt, gefüttert, gebadet, entlaust und untergebracht.

Adoptionsgruppen schreiten ein, wenn die Frist im Hundeheim abgelaufen ist, und suchen nach passenden Eltern.

Tina hatte kürzlich einen dieser schwer vermittelbaren Pitbulls adoptiert – der Adoptionsprozess dauerte acht Wochen, während deren sie jederzeit auf Überraschungsbesuche gefasst sein musste.

»Ich sehe, Sie haben einen Aschenbecher auf dem Balkon stehen – haben Sie nicht angegeben, dass Sie NICHT rauchen? Und den Zaun hier müssen Sie abreißen, da könnte der Hund sich verletzen.«

Tina hatte mich in diesen acht Wochen mehrmals heulend angerufen: Sie wolle aufgeben, sie halte das nicht mehr aus. Und das, obwohl sie Jahre zuvor zwei kleine Mädchen aus China adoptiert hatte – was vergleichsweise unbürokratisch abgelaufen war.

Es gibt Therapeuten, Chiropraktiker, Ernährungs- und Fitnessberater für Hunde. Ein solcher hatte dem alten Labrador meiner Freundin Barb Bewegung an der frischen Luft verordnet. Mit anderen Worten, spazieren gehen. Zehn Pfund waren gleich runter.

Unsere Nachbarn gingen einen Schritt weiter und brachten ihren Tierheimmischling Gizmo, der partout nicht fressen wollte, zur Geistheilerin. Sie legte ihre Hände auf ihn und erspürte nicht Krebs, wie der Tierarzt befürchtet hatte, nein, Gizmo war einfach entwurzelt, zu brutal aus seinem bisherigen Leben gerissen worden. Für eine saftige Gebühr stellte die Heilerin die geistige Verbindung mit seiner verstorbenen früheren Besitzerin, sorry, Hundemama, her.

Sie lachen, aber der Hund aß danach wieder normal, und der Tierarzt war ratlos.

Es gibt Hundehütten-Architekturwettbewerbe, Ausstel-

lungen, Möbel- und Accessoirekataloge, ein Hochglanz-
magazin nur für Hunde (*Bark!*) und selbstverständlich eigene Websites. Auf www.dogster.com werden Hunde, die
neue Freunde suchen, mit Foto, Lebenslauf, Vorlieben und
Eigenheiten vorgestellt. 20 192 sind es heute, und es werden jeden Tag zweihundertfünfzig mehr.

Ich hatte mir die Internetseite schon oft angeschaut und
mir meinen eigenen virtuellen Zwinger eingerichtet, in den
ich manisch alle Hundchen klickte, die noch nie angeklickt
worden waren. So was ertrage ich nicht. Nicht adoptierte,
nicht angeklickte Hunde.

»Und warum haben wir dann keinen Hund?«

Ja, warum nicht?

Mein Sohn nahm bei dieser Frage gleich die Brille ab,
damit ich seine großen, sich mit Tränen füllenden Augen
auch richtig sehen konnte. »Wenn ich einen Hund hätte,
wäre ich immer froh. Dann wäre ich nie allein.«

Ich verstand ihn gut. Denn der tägliche Spazierzwang
mit unserem etwas trotteligen Hirtenhund Larry hatte
mich durch die Pubertät gerettet: nicht nur wegen der
viel gerühmten Bewegung an der frischen Luft, zu der ein
Teenager ohne Hund kaum zu zwingen ist, sondern weil
ich auf den langen einsamen Waldwegen über die täglichen
Verletzungen hinwegkam. All meine Probleme erläuterte
ich dem Hund, er hörte geduldig zu und verstand mich –
als Einziger! Auf der Welt!

Oh ja.

Cyril seufzte theatralisch, wenn wir am Tierheim vorbei-
fuhren. Dann legte er den Kopf gegen die Autoscheibe, die
bald anlief von seinem sehnsüchtigen Atem – er besuchte
eine Schauspielschule, aber das nur nebenbei. »Mama, können wir nicht …?«

Ich rollte die Liste vernünftiger Gegenargumente aus, zuerst das ewige mütterliche: »Und wer kümmert sich dann um das Tier? Wer füttert es, wer geht mit ihm zum Hundetreff und zur Astrologin? Hmm?«

Und immer dann war mir klar: Ich will gar keinen Hund haben. Ich will ein Hund sein. Ich will das volle Hundeleben – für mich.

PEOPLE IN MOTION, PEOPLE IN MOTION

»Bring democracy to Irak?
Why not Florida?«
Ein Aufkleber, gesehen
auf einer Stoßstange
in San Francisco

Fernsehen und andere Religionen

Auf dem Holzzaun hinter meinem Haus in San Francisco stand, mit der Spraydose hingesprüht: »FUCK OPRAH!« Wenn ich auf dem Sofa saß und den Blick vom Fernseher über meine Schulter zum Fenster hinausschweifen ließ, konnte ich es sehen. Lino hatte die zwei Worte da hingesprüht. Nicht als Vandalenakt, sondern als Mahnung: »Mama, du schaust zu viel fern.«

Die Mutter aller Talkshows, *The Oprah Winfrey Show*, läuft nachmittags um vier, montags bis freitags. Wenn Lino aus der Schule kam, fand er mich oft davor, nicht selten in Tränen aufgelöst.

»Guck doch, sie hat fünfhundert Autos verschenkt! Guck doch, die Frau mit den neun Ziehkindern bekommt ein eigenes Haus!«

»Mama, ich mache mir Sorgen. Du verblödest mir noch.«

Die Gefahr bestand allerdings. Ich bin fernsehsüchtig. Immer schon gewesen.

Und als Fernsehsüchtige ist Amerika natürlich mein Schlaraffenland, mein Nirwana. Nicht nur, weil es auf vierhundert Sendern immer irgendetwas zu sehen gibt, was ich dann unter Umständen auch gleich für meine Arbeit verwenden kann, wie die Sendung mit den Tierpsychologen oder die mit den im Schnee ausgesetzten Bräuten, die in *Sofa, Yoga, Mord* vorkommen. Das gibt meiner Sucht dann auch gleich wieder eine vernünftige Berechtigung.

Sondern, viel wichtiger: Ich bin hier mit meiner Sucht nicht allein. Vier Stunden täglich verbringt der Amerikaner durchschnittlich vor der Kiste. Der Fernseher läuft in jedem Zimmer und zu jeder Zeit. Beim Essen und zum Einschlafen.

Als ich meine Kinder bat, die Kiste während des Abendessens mit Freunden auszuschalten, erntete ich von meinen amerikanischen Besuchern, die schon das Konzept des »Sit down«-Dinners ein bisschen eingeschüchtert hatte, ungläubige Blicke.

»Hast du das gehört? Fernseher aus!«

»Das grenzt an Kindesmisshandlung«, murmelte einer.

Und ich sonnte mich in dem Gefühl, meine Sucht im Griff zu haben. Jeder Süchtige misst sich an anderen, sucht die Bestätigung, immerhin noch nicht ganz so tief gesunken zu sein wie dieser oder jener. Es gibt in Amerika nicht nur immer jemanden, der mehr fernsieht als man selbst, sondern das Fernsehen gehört mit großer Selbstverständlichkeit zum Leben. Es ist noch nicht zum Laster geworden, dem man schuldbewusst und heimlich nachgeht wie der Neigung zum Fast Food.

Erfolgreiche und kreative Amerikaner bezeichnen frühkindliches Fernsehvergnügen sogar offenherzig als Inspiration.

»Fernsehen ist nicht Nichtstun«, behaupten sie.

Das Fernsehen übernimmt die Verantwortung für die Zeit, die vergeht.

»Wenn du glaubst, *Survivor* anschauen sei dasselbe wie Nichtstun, dann mache mal folgendes Experiment: Antworte auf die Frage, was du gestern gemacht hast, mit ›Ach, nichts‹, und dann mit ›*Survivor* geschaut‹. Siehste?«

Die Droge meiner Wahl ist die Fernsehserie. Eigentlich hätte ich einmal gute Chancen gehabt, nicht abhängig zu werden.

Mein erster Freund war etwas älter als ich. Schon im Kindergarten. Mit ihm spielte ich gern, weil er alles wusste. Weil er im Gegensatz zu mir schon fernsehen durfte. Zum Beispiel *Daktari*, eine Serie, die das abenteuerliche Leben in einem afrikanischen Tierkrankenhaus zeigt. Obwohl ich keine Ahnung von nichts hatte, ließ er sich zum Glück trotzdem dazu herab, mit mir Daktari zu spielen.

Wir stellten uns unter ein schneebedecktes Vordach, schlugen mit langen Stöcken dagegen und riefen »Daktari! Daktari!«, bis der Schnee auf uns herunterstürzte und wir schreiend wegrannten. Ein aufregendes, gefährliches Spiel, das uns stundenlang beschäftigen konnte. Ich hätte ihn sofort geheiratet, wenn er nicht weggezogen wäre.

Meine Enttäuschung war groß, als ich Jahre später zum ersten Mal eine Folge sah – zwar gibt es Affen und Löwen in *Daktari*, aber weit und breit keinen Schnee.

Trotz dieser ersten Desillusionierung verfiel ich dem Genre. Angefangen hatte das mit *Dallas*. Als die Serie in meiner ernsthaften lutherischen Heimatstadt Zürich anlief, schaute sich niemand diesen »Ami-Scheiß« an. Trotzdem waren die Straßen dienstags zwischen neun und zehn Uhr abends wie leer gefegt, die Telefone tot, und selbst in den Szenelokalen war immer ein Platz frei.

Ich kannte nur einen Menschen, der Verständnis für meine neue Leidenschaft aufbrachte: meine Mutter. Sie nahm mir auch gleich alle Folgen auf Video auf (Video!

Ja, das hatte man damals noch …). Und so stieg ich mit der Vorspultaste gleich in die höchsten Sphären des Serien-Nirwanas auf. Das Gefühl von Macht und Überlegenheit – ätsch, mich kriegt ihr nicht! –, das mich überrollt, wenn ich einen Cliffhanger austrickse, lässt sich mit nichts vergleichen. Wer hat JR erschossen? Ja, dann schauen wir doch gleich mal!

Von der sicheren Couch aus gebe ich auch meiner Schwäche für Männer in Weiß nach. *Emergency Room* zum Beispiel. »On my count, one, two, three!«, rufe ich noch im Schlaf.

In Amerika wird die Serie heftig kritisiert, da sie bei den Zuschauern unrealistische Erwartungen hinsichtlich möglicher eigener Aufenthalte in realen Krankenhaus-Notaufnahmen weckt. Ein Problem, dem sofort mit »Reality«-Notaufnahme-Serien begegnet wurde, die ich mir aber nie anschaute. Ich glaube nicht, dass mir die Realität so viel über das Leben erzählen kann wie zum Beispiel eine frühe Folge von *Emergency Room*, in der die vor dem Altar verschmähte, aber darüber auch heimlich erleichterte Schwester Hathaway auf die Frage, ob es vielleicht nicht schicklicher wäre, die Party angesichts der veränderten Lage abzusagen, antwortete: »Ach, was! Was ist schon eine kleine Erniedrigung gegen kostenloses Essen und Getränke!«

Eine verblüffende Weisheit, die ich, wenn möglich, berücksichtige.

Ich bin wohl nicht die Einzige, die ihre Lebensphilosophie aus dem Fernsehen bezieht. Und da wären wir auch schon wieder bei Oprah: Denn Oprah ist Gott.

Die mächtigste Frau Amerikas, sagen viele. Ganz bestimmt aber die reichste. Aufgewachsen in Mississippi. Barfuß, missbraucht, das Übliche. Mit knapp neunzehn Jahren war sie das erste schwarze Gesicht im amerikanischen Fernsehen.

»Ich war sofort zu Hause«, sagte sie. »Ich wusste, da gehöre ich hin.« In diesen viereckigen Kasten.

Ich auch, denke ich. Ich möchte auch da wohnen, in diesem Kasten.

Wenn Oprah auftritt, beginnen Frauen zu hyperventilieren. Sie kreischen. Springen in die Luft. Klatschen in die Hände. Dann hebt Oprah die Hände besänftigend. Das heißt: Ich weiß, es ist nicht leicht, aber beruhigt euch bitte mal – ich habe noch etwas zu sagen. Ich habe eine Botschaft.

Hillary kniete vor ihr nieder.

Tom hüpfte aufs gelbe Sofa.

Arnold nahm seine Sprüche zurück und wurde ganz schmal.

Oprah brachte Danny Ocean zum Weinen.

Das beeindruckte dann sogar meinen Sohn.

Oprah. Sie breitet die Hände aus, um uns zu segnen. Sie glaubt, dass wir uns bessern können. Sie sagt uns, was richtig ist und was falsch. Welche BH-Größe wir kaufen und welches Buch wir lesen sollen.

Dabei lässt sie uns an ihren eigenen Kämpfen teilnehmen mit ihrem ständig schwankenden Gewicht. »Ich teile euren Schmerz, ich weiß, wovon ihr redet, meine Pfunde sind der sichtbare Beweis!« Wer Oprah in sein Leben lässt, ist nicht mehr allein. Wer mit Oprah weint, fühlt sich gereinigt. *The Oprah Winfrey Show* ist ein Kirchgang.

Jeden Tag gelobt man Besserung. Ja, Oprah, ich werde den Kindern in Afrika Geschenke schicken! Ja, ich werde mein bestes Leben leben!

Und ich saß auf meinem Sofa, gelobte und nahm noch eine Praline. Mein Sohn verschwand kopfschüttelnd in seinem Zimmer. Es würde mich nicht wundern, wenn er den psychiatrischen Notdienst anriefe. Er verstand mich nicht.

Oprah selbst scheut sich nicht, sich als Instrument Gottes oder manchmal sogar als seine Tochter zu bezeichnen. Das allein ist aber in Amerika weniger außergewöhnlich als, zum Beispiel, in der Schweiz, wo Beziehungen grundsätzlich nicht an die große Glocke gehängt werden, auch nicht die zu Gott.

In Amerika glaubt jeder an irgendetwas: sei es an eine anerkannte Religion oder eine eigene, frei entworfene. Die Anonymen Alkoholiker oder die Bewusste Meditation. Und dieses spirituelle Suchen und Finden wird ebenso offen diskutiert wie alles andere.

Und in sich stimmig muss der Glaube auch nicht sein. San Franciscos Hang zum Widersprüchlichen zeigt sich am deutlichsten in den vielen Kirchen, die tapfer versuchen, alle denkbaren Lebensformen unter einen Hut zu bringen. Es gibt das Stille Quäkertreffen für erfolgreiche Geschäftsleute und die schwul-lesbische Synagoge, es gibt die Kirche von John Coltrane und die der Obdachlosen – das ist auch die mit dem größten Medien- und Prominentenaufmarsch, die regelmäßig von Sharon Stone besucht wird. Es gibt die First Unitarian Church, die keinem spezifischen Gott huldigt und deren Priesterzertifikat für einen Dollar im Internet heruntergeladen werden kann. Und es gibt, natürlich, alle Arten von Fernsehpredigern.

Einer davon ist, im übertragenen Sinn, der Hexenmeister Stan Flouride. Er mischt Zaubertränke, legt Schutzkreise und deutet Träume. Diese Hexerei, sagte er, beruhe rein auf dem Akzeptieren des Grundsatzes, dass alles eine spezifische Energie habe, die man leiten könne. Stan praktiziert keine schwarze Magie und verweist Leute mit Geldproblemen an die darauf spezialisierten Santería-Priesterinnen, die in der Valencia Street einen eigenen Laden betreiben.

Ich hatte Stan mehrmals um seine Dienste gebeten. Er hatte mir einen Schutzkreis gelegt und einen Liebeszauber gemischt, er hatte auf den Fotos einer kranken Freundin geschlafen und geträumt, dass sie sich, geführt von ihren Kindern, durch einen Urwald kämpfe. Krankheiten könne er nicht heilen, sagte er, und den Tod auch nicht abwenden. Ansonsten war ich mit seinen Diensten sehr zufrieden. Und ebenso begeistert von den obskuren Plätzen, an die er mich führte: die verlassene Bar eines heruntergekommenen Golfclubs am Stadtrand, die Aufbewahrungshalle von Graburnen, und er erläuterte mir die diskreten Opfer zu Füßen diverser Göttinnenstatuen.

Unsere Ausflüge nahmen meist den ganzen Tag in Anspruch, weil Stan ebenso viele Geschichten zu erzählen wusste wie Phil, der Taxifahrer, aber auch weil er überall erkannt wurde. Ob in abgeschnittenen Jeans und Kampfstiefeln oder im blauen Samtmantel des Hexenmeisters, ob mit Glatze oder halb rot, halb blau gefärbten Zotteln – der hünenhafte Stan fiel immer auf.

Außerdem war er ein Fernsehstar oder, wie er sich selbst gern nannte, eine Medienhure. Angefangen hatte es mit seinem Auftritt bei *Who Wants to Be a Millionaire*, wo er nach drei Runden schon an einer eigentlich einfachen Frage über die Herkunft der Namen diverser Fast-Food-Ketten scheiterte. Etwas, das Stan eigentlich wusste. Sein Kopf war bis zum Platzen gefüllt mit trivialen Fakten. Fakten, die man nie wirklich brauchen konnte, es sei denn in einer

Quizsendung. Dass er so schmählich ausgeschieden war, verstörte ihn allerdings nicht nachhaltig, ebenso wenig wie die Tatsache, dass der Gewinn zu noch größerer Verschuldung führte, nachdem das Finanzamt den Löwenanteil gefordert hatte. Noch Jahre später führte Stan stets Fotos mit sich, auf denen er neben dem Moderator mit einer eigenartig orangefarbenen Haut zu sehen war. Und tatsächlich wurde er ständig auf seinen Auftritt angesprochen und um ein Autogramm gebeten.

»Sie mochten mich da, weil ich nicht so weiß bin«, sagte er und meinte damit nicht seine Hautfarbe, sondern seine Aura.

Aura. Klar.

Das ernsthafte Ausüben von Naturreligionen und das offene Vergöttern des Fernsehgötzen bilden in San Francisco keinen Widerspruch. Oder jedenfalls keinen, den man nicht leben könnte. Gott ist schließlich überall und deshalb auch im Fernsehen. Vor allem auch im Fernsehen.

Ich schloss mich mit der Fernbedienung ein und drückte auf die Taste »Next«. Draußen zog das Leben vorbei, meine Freundinnen verliebten und entliebten sich wieder, und meine Söhne aßen aufwendig zubereitete Vater-Menüs.

»Bist du krank?«, fragten sie.

Nein, ich bin nicht krank. Ich ziehe mich nur zurück. Das braucht der Mensch, speziell die Frau.

»Wie regenerieren Sie sich?«, wurde kürzlich in einer Zeitschrift gefragt. »Mit Spazierengehen, Meditieren, Singen«, lauteten die Antworten, »mit Schweigewochen und Bernsteingebeten nach Hildegard von Bingen.«

Zugegeben, das klingt schon irgendwie seriöser als »bei runtergelassenen Läden, Olivenölchips und zehn Folgen

Dr. House«. Aber ich bin sicher, das Resultat ist dasselbe: Eine neugeborene Frau stellt sich der Welt.

Gleich nach den *Bloopers*.

Abstecher: Wer's glaubt ...

Der **First Unitarian Universalist Society of San Francisco** kann sich jeder anschließen, der an individuellem spirituellem »Wachstum« interessiert ist. Egal, welcher Lehre man anhängt, wenn überhaupt einer. Die First Unitarian Universalist Society bietet das, was mein Sohn Lino gesucht hat: Gemeinschaft, ohne Gerede über Gott. 1187 Franklin Street, Tel. 415-7764580, www.uusf.org.

In der **Grace Cathedral**, wo sich die kannibalische Sekte aus *More Tales of the City* traf, kann man auch Yogastunden besuchen oder das Labyrinth abmarschieren oder die Hochzeitspaare der High Society fotografieren. Einfach ein schöner Ort. 1100 California Street, Tel. 415-7496300, www.gracecathedral.org.

Wer schwul, lesbisch, bisexuell oder transgeschlechtlich und zugleich jüdischen Glaubens ist, besucht mit Kind und Kegel die **Congregation Sha'ar Zahav** an der 290 Dolores Street, Tel. 415-8616932, www.shaarzahav.org. Ein sozialer Hotspot, von Heteros und Gojim beneidet!

Die **Saint John Coltrane Church** wurde tatsächlich von einem farbigen Predigerpaar gegründet, nachdem die beiden John Coltrane live in San Francisco gesehen hatten. Seine Musik wird jeden Dienstag von zwölf bis sechzehn Uhr gespielt. 1286 Fillmore Street, Tel. 415-6737144, www.coltranechurch.org.

Das skandalgeplagte **San Francisco Zen Center** sitzt heute einfach still und atmet an der 300 Page Street, Tel. 415-863 3136, www.sfzc.org.

Das Buch zum Skandal: **Shoes Outside the Door** von Michael Downing.

Die meisten Kirchen haben Onlineshops. Ja! Das sagt auch fast schon alles.

Zum Herstellen von Liebes- und anderen Zaubern sowie zur spirituellen Beratung von Santería-Priesterinnen, die vor allem auch auf finanzielle Fragen Antworten geben, begebe man sich zu **Botanica Yoruba** an der 998 Valencia Street, Tel. 415-826 4967.

Weiße Männer sagen Danke

Sie hieß tatsächlich Janis. Es konnte keinen passenderen Namen für die bekennende Exhippie geben. Sie wirkte zurückhaltend und weich in einem dieser Kinderkleider, die so viele erwachsene Amerikanerinnen tragen: Blümchen- oder Denimzelte mit breiten Trägern über einem weißen T-Shirt zu weißen Socken und Gesundheitssandalen.

Doch der erste Eindruck täuschte.

Es war nichts Weiches an Janis. Sie gehörte zu den Menschen, die ganz genau wissen, was richtig ist und was falsch. Und die das auch zum Ausdruck bringen, mit der Hartnäckigkeit einer zerkratzten Schallplatte. Um Menschen wie Janis bildet sich immer schnell ein leerer Raum.

Es war Thanksgiving, der wichtigste Feiertag im amerikanischen Alltag, wichtiger als Weihnachten und Neujahr zusammen. Und weil mein Mann und ich nicht wussten, wie man diesen Feiertag begeht, hatten wir uns von Phil und Mara einladen lassen.

»Thanksgiving ist mein liebster Feiertag«, erklärte Mara, »es gibt keine Geschenke, aber alle sind zusammen, und man isst und isst. Das Mittagessen dauert bis abends um zehn.«

Das klang eigentlich wie jedes beliebige Zusammenkommen meiner Familie. Und wie jedes Familientreffen ist auch

Thanksgiving mit Emotionen aufgeladen. Filme wie *Home for the Holidays* setzen sich mit dem Stress der Amerikaner auseinander, die für diese vier Tage quer durch ihr riesiges Land fahren oder fliegen, nur um sich dann vollkommen erschöpft einer konzentrierten Ladung Konflikte auszusetzen: »Kommst du uns auch wieder mal besuchen? Hast du immer noch keine Freundin? Was soll das heißen, du isst kein Fleisch? Willst du mich umbringen?«

Kein Wunder, dass es überall auch Thanksgiving-Boykotte und Alternativveranstaltungen gibt. Wie das Fest bei Mara und Phil, zu dem nur ihre Familie eingeladen war und nicht seine.

»Wer etwas von uns will, kommt zu uns«, befand Mara. Und Phils »people« kamen nicht. Dafür saßen Heerscharen von Maras lebhaften irischen Schwestern mit ihren durchweg eher stillen Ehemännern auf den in der ganzen Wohnung verteilten tiefen Sofas. Und Freunde, die sie allesamt noch aus der Kleinkindzeit ihrer Söhne kannten, aus dem Alternativkindergarten, den jetzt auch Cyril besuchte. In der Küche stapelten sich die Backformen aus Aluminium, in denen die Gäste einzelne Gerichte mitgebracht hatten. Kartoffelbrei, Senfgemüse, Süßkartoffeln mit geschmolzenen Marshmallows. In der Mitte ein knusprig gebratener Truthahn mit Papierrüschen an den Beinen, die das Safeway-Logo trugen. Es war genug Essen da, um ein Dorf zu füttern. Eine kleine Stadt vielleicht.

Unterdessen luden die »Native Americans«, was damals die politisch korrekte Bezeichnung für die Indianer war, zu einer Gegenveranstaltung auf der Gefängnisinsel Alcatraz ein, die, wie eigentlich ganz Amerika, ihnen gehören müsste. Der Felsen, wie er genannt wird, war ein ritueller Ort für die Ohlonen, einst einer ihrer heiligen Begräbnisplätze und nun durch das Gefängnis entehrt. Doch sehr viel mehr ist von den Ureinwohnern nicht überliefert.

Sie lebten seit vor Christus an der kalifornischen Nordküste zwischen San Francisco und Big Sur, die sie die »Kante der Welt« nannten. Die Ohlonen setzten sich aus über fünfzig Stämmen zusammen, die eine gemeinsame Sprache sprachen. Auch die ist nicht überliefert. Je nach Jahreszeit zogen sie als Nomaden durchs Land oder lebten vorübergehend in festen Siedlungen.

Das Eintreffen der spanischen Eroberer und Missionare 1776 läutete das Ende ihrer Lebensform ein. In weniger als vierzig Jahren waren die Ohlonen und ihre Kultur ausgestorben, von eingeschleppten Krankheiten dahingerafft oder missioniert worden. Diese Jahre werden im Nachhinein als »time of little choice« bezeichnet.

Den Felshaufen in der Bay nannten die Spanier La Isla de los Alcatraces, Insel der Pelikane. Die Engländer, die nachkamen, stellten 1852 einen Leuchtturm auf und bauten ein Fort, um den neuen Hafen von San Francisco zu bewachen. Von 1859 bis 1933 diente das Fort zusätzlich als Militärgefängnis. In dieser Zeit waren auch neunzehn Hopi-Indianer inhaftiert – desertiert von einer Armee, die nicht die ihre war.

Von 1934 bis 1963 war die Festung auf Alcatraz ein staatliches Hochsicherheitsgefängnis – mit berühmten Insassen wie Al »Scarface« Capone, George »Machine Gun« Kelly und Robert Stroud, der »Birdman of Alcatraz«. Rund um das Gebäude herum bildete sich eine kleine Stadt, in der die Angestellten mit ihren Familien wohnten – die Kinder fuhren jeden Tag mit dem Boot aufs Festland zur Schule. Hin und wieder versteckte sich da einer der Flüchtlinge; Alcatraz ist für seine dramatischen, meist gescheiterten Ausbruchsversuche bekannt. Insgesamt flohen sechsunddreißig Gefangene von dort, bis auf drei wurden alle wieder zurückgeholt – tot oder lebendig. Von den dreien, die 1962 ausgerissen waren, hat man nie wieder gehört. Ihre Flucht hatten sie äußerst raffiniert geplant: Aus Papier, Spucke und Haarschnipseln bastelten sie Puppen, legten sie in ihre Kojen, krochen dann durch einen mit stumpfem Besteck gegrabenen Schacht aufs Dach, und von da sprangen sie in ein Schlauchboot, das sie aus Regenmänteln selbst gefertigt hatten. Nun ist das Wasser in der Bay selten wärmer als zehn Grad, von tückischen Strömungen durchzogen und ein beliebter Tummelplatz von Haien, auch den weißen. Obwohl heute jährliche Alcatraz-hin-und-zurück-Schwimmveranstaltungen stattfinden, ist es doch etwas anderes, wenn man einen Neoprenanzug trägt und ein mit warmen Decken und Süßigkeiten gefülltes Boot neben einem herpaddelt. Und trotzdem kommt es vor, dass jemand beinahe ertrinkt. Die Chancen der Ausbrecher waren also von Anfang an eher gering.

Doch die Tatsache, dass man sie nie gefunden hat, regt die Fantasie an. Und die Sympathien der Stadtbewohner waren ohnehin auf ihrer Seite. Schauspieler Sterling Hayden ging sogar so weit, jeden Tag auf dem Weg zur Arbeit seinen VW-Käfer am Pier von Tiburon, der dem Felsen am nächsten liegt, zu parken. Mit steckendem Zündschlüssel und einer Tüte voller Erdnussbuttersandwiches auf dem Beifahrersitz. Ein Angebot, das nie in Anspruch genommen wurde, weder von den Ausbrechern noch, erstaunlicherweise, von jemand anderem. Die Geschichte diente später als Vorlage für den Film *Die Flucht von Alcatraz* von Clint Eastwood.

Nach der Schließung des Gefängnisses 1963 standen die Gebäude leer und verfielen, bis die Vereinten Stämme der amerikanischen Indianer sie 1969 besetzten. Der gut aussehende Schauspieler Benjamin Bratt wurde von seiner Mutter, einer peruanischen Indianerin, als Fünfjähriger dorthin mitgenommen. Es gab einen Kinderhort und eine Schule, tägliche Versammlungen und Beschlüsse.

Als die Insel schließlich zum Nationalpark und Museum umfunktioniert wurde, wurden nur wenige der Forderungen der Indianer umgesetzt. Auch deshalb veranstalten sie jedes Jahr eine Gegendemonstration auf der Insel. Um daran zu erinnern, dass sie keinen Grund haben, an diesem Tag (oder einem anderen) speziell dankbar zu sein.

»Da sollten wir alle auch hin«, sagte Janis zur Begrüßung. »Was machen wir hier eigentlich? Was zelebrieren wir denn? Das hinterhältige Überlisten der Eingeborenen, das Ausnützen ihrer Gastfreundschaft!«

Die Indianer hatten den ersten Siedlern mit Truthahn und Mais durch die harten Winter in der Neuen Welt geholfen, ein Szenario, das von Schulkindern im ganzen Land nachgespielt wird, wobei das dickste Kind immer den Truthahn darstellen muss. Nicht gezeigt wird auf den Schulbühnen, wie die Siedler den Indianern ihre Gastfreundschaft gedankt hatten. Stattdessen schütteln sich die kleinen Darsteller nur ernsthaft die Hände, und der Vorhang fällt.

Kleine Amerikaner spielen übrigens nicht Cowboy und Indianer. Das kann man sich eigentlich denken, aber es hat mich und meine Söhne doch zu Anfang erstaunt. Bis die verlegene, verspätete Aha!-Erkenntnis kam: Natürlich nicht, sie wissen weniger als jeder beliebige zehnjährige

Europäer über diesen unrühmlichen Teil ihrer Geschichte. Und die Amerikaner wollen sich auch nicht damit auseinandersetzen. Die Rehabilitierung der indianischen Kultur und Religion wird nur sehr zögerlich in Angriff genommen. Der Religionsgelehrte Robert Epes Brown kämpfte jahrzehntelang darum, dass die indianischen Religionen als Weltreligion anerkannt werden. Er schrieb zahlreiche Bücher. Sammelte, unterrichtete und verbreitete verloren geglaubte Traditionen, Rituale, Lehren. Ein Weißer. Ansonsten sind weiße Männer, die ihren inneren Indianer gefunden haben, höchst selten Amerikaner.

»Geschichtsfälschung«, sagte Janis gerade, und die anderen Gäste bei Mara und Phil nickten müde. Manche rutschten auf den weichen Sofakissen etwas weiter weg. Ein leerer Raum bildete sich um Janis, keine zehn Minuten, nachdem sie zur Tür hereingekommen war. Ein leerer Raum, in den ich mich setzte.

»Ich verstehe das auch nicht«, feuerte ich sie unwillkürlich noch an – denn ich wusste nicht, was ich tat. »Warum feiert man hier den Columbus Day als Indigenous People's Day – das ist doch nicht politisch korrekt, das ist außerordentlich zynisch!«

Schon war ich ihre beste Freundin, ohne das zu wollen, ich war nur verunsichert. Im Land der Freien musste man aufpassen, was man sagte: Was gestern noch galt, war heute eine Beleidigung. Einfache Beschreibungen – dick, alt, klein – riefen empörtes Luftschnappen hervor. Wer »cancer«, Krebs, sagt, meint das Sternzeichen. Die Krankheit wird verschämt mit »the C-word« umschrieben.

Wenigstens war ich nicht allein mit meiner Unsicherheit. »Hast du heute diesen Leserbrief gesehen?«, fragte ich Janis. »Eine C. K. aus Kalifornien schreibt: ›Warum muss man eigentlich alles am Anfang beginnen? Würde man nicht viel Zeit sparen, wenn man die Dinge am Ende beginnen würde?‹ Das kann ich total nachfühlen.«

Meine neue beste Freundin wohl auch, denn sie drängte dann: »Lass uns hier abhauen.« Sie schien in mir eine Verbündete zu sehen: Du als Europäerin. Du weißt, was ich meine. Du bist auf meiner Seite. »Wir können mit der Fähre nach Alcatraz fahren. Ich sollte wirklich bei meinen Leuten sein, meinem Volk, ich habe ja selbst Schoschonenblut in mir, weißt du.«

Zum Zeichen der Verbundenheit mit ihrem geplagten Volk trug sie ein Armband aus Türkisen.

Ihr Sohn verdrehte die Augen. Brian, der von seiner Mutter hartnäckig Zappa genannt wurde, neunzehn Jahre alt, kurz geschorenes Haar, war von dem Hippie-Haushalt in die stählernen Arme der Marine geflohen.

»Habe ich das nicht schon mal gehört?«, murmelte er. Man nahm es der blonden, blauäugigen Janis auch nicht ganz ab, das Schoschonenblut, aber man konnte gut verstehen, dass sie gern welches gehabt hätte. Man wollte schließlich selbst auch nie Cowboy spielen, sondern immer Indianer.

Janis machte allerdings keine Anstalten, zum Anleger der Fähre nach Alcatraz aufzubrechen. Stattdessen gingen wir in die Küche und füllten unsere Papierteller, stapelten zwei oder drei aufeinander, dass sie die Last der Speisen überhaupt trugen.

»Ist das amerikanische Essen nicht schrecklich?«, fragte sie. »Als Europäerin bist du doch bestimmt frische Nahrungsmittel gewohnt, Früchte, Gemüse. Ihr Europäer lebt ja so viel gesünder als wir.«

Janis fuhr selbst zum Einkaufen in ein politisch korrektes Reformhaus im Mission District, ganz am anderen Ende der Stadt. Die Reformhäuser in unserer Nachbarschaft waren ihr alle nicht ganz geheuer, führten Produkte zweifelhafter Herkunft, bezahlten Angestellte schlecht. Ihr Beitrag zum Festtagsbuffet war dann aber keine Rohkostplatte, kein Linsenauflauf, sondern ein traditioneller Bohneneintopf, aus zwei verschiedenen Bohnensorten, und Pilzsuppe mit Käsecroutons. Alles direkt aus der Konservendose in die mikrowellenfeste Form.

Als wir ins Wohnzimmer zurückkamen, lief der Fernseher. Das Footballspiel mitzuverfolgen ist Teil der Tradition. Nicht auf die Siedler zurückzuführen. Janis wandte sich ab.

»Ich hasse das. Fernsehen ist der Untergang der amerikanischen Kultur, echt wahr, ich boykottiere das Fernsehen, ich habe meinen weggeworfen.«

»Ach ja?« Ihr Sohn schaute nachsichtig zu uns hinüber. Vielleicht spöttisch.

»Na ja, ich habe BESCHLOSSEN, ihn wegzuwerfen. Ist doch wahr!«

Janis bestand mit einem Trotz auf ihren Widersprüchen, der mir imponierte. Irgendetwas gefiel mir an diesem radikalen Ausblenden der eigenen Realität. Ich wünschte mir, ich hätte so wenig Zweifel an meiner Wahrnehmung und Überzeugung wie sie. Das wäre doch einmal etwas, wofür ich dankbar sein könnte.

Brian-Zappa hingegen wand sich auf seinem Stuhl, verdrehte die Augen, wandte sich um und hörte doch zu. Erst als Janis – nach ein paar Gläsern Wein bereits etwas lauter – darauf hinwies, dass eigentlich nur Frauen, die Kinder geboren hatten, wirklich wissen konnten, was Thanksgiving bedeutete, stand er auf, um im hinteren Teil der Wohnung mit den kleineren Kindern zu spielen.

Janis sah ihm nach. »Er ist mir böse.« Noch ein Glas. »Es ist nicht einfach für eine alleinerziehende Mutter. Mit dem politischen Engagement und allem.« Die anderen kamen immer zuerst: die Leidenden, die Hungrigen, die Bedürftigen. Nach dem letzten großen Erdbeben in San Francisco kümmerte sie sich erst um die obdachlos gewordenen Opfer in der brennenden Marina, bevor es ihr einfiel, sich nach ihrem damals neun Jahre alten Sohn zu erkundigen. Der in der Schule wartete und wartete, bis alle anderen Kinder abgeholt worden waren und ihn eine Lehrerin mit zu sich nach Hause nahm.

»Eines Tages wird er es verstehen.« Janis wusste, dass sie keine gute Mutter war, aber sie wollte eine sein – und ein guter Mensch.

»Du!«, ging sie plötzlich auf Phil los. »Du weißt gar nichts vom Leiden in der Welt! Als weißer Mann bist du doch immer auf der Seite der Täter!«

Die Gespräche verstummten, Janis brach in Tränen aus. Das Leid der chinesischen Frauen, der Indianer, der bedrohten Bäume im Regenwald, das war ihr alles zu viel. Sie schlug sich mit ihrer kleinen Faust gegen die Brust.

»Zeit zu gehen.« Brian-Zappa tauchte wieder auf, zog seine Mutter aus dem Stuhl, legte einen Arm um sie, in der Tür schaute er noch einmal über die Schulter zurück, entschuldigend. Der leere Raum verschwand mit den beiden.

Als sie gegangen waren, rutschte Mara zu mir herüber. »Die Marine hat ihn rausgeworfen, weißt du«, sagte sie leise, mit dem Kinn auf die geschlossene Haustür deutend, »mangelnder Gehorsam!«

Und ihre Stimme klang irgendwie stolz.

Die Heuschreckenplage und ihr Ende

Vom Tellerwäscher zum Millionär! Nach Amerika kommt man, um reich zu werden. Weil man das kann. Oder eigentlich muss.

Bigger, better, you can do it, go!

Ich hingegen kam her, um Geld abzuschütteln wie alte Schlangenhäute, in Fetzen. Nicht absichtlich natürlich, sondern, wie immer, eher aus Versehen. Geld ist für mich zum Ausgeben da, eine Haltung, die von der amerikanischen Mentalität nur unterstützt wird.

»Honey, dafür gibt es doch die Kreditkarte«, sagte eine Freundin nachsichtig, als ich die viel zu teuren Stiefel stehen lassen wollte.

Wechselkurs, Schulgeld, Arztkosten, Steuern: Es dauerte eine ganze Weile, bis mir bewusst wurde, dass ich, die ich immer stolz darauf gewesen war, schreibenderweise eine Familie zu ernähren – wer hätte so etwas auch für möglich gehalten? –, für hiesige Standards eher arm war.

»Wer weniger als fünfzigtausend Dollar im Jahr verdient, hat in dieser Stadt nichts verloren«, schnodderte der damalige Bürgermeister »His Williness« Brown im Jahr des Dotcom-Booms 1999.

Das traf mich. Tagelang schlich ich durch die Straßen wie eine Diebin, drückte mich an den Hausmauern entlang wie eine, die nicht hierher gehörte. Wusste »His Williness« denn nicht, was es mir bedeutete, hier zu leben? Meinte er wirklich, ich sei seiner Stadt nicht würdig? Auch wenn ich auf alles Überflüssige verzichtete?

»Habe ich hier wirklich nichts verloren?«, fragte ich den Steiner während eines unserer dreistündigen Mittagessen in einem kleinen Café in der Nähe seines Hauses, wo man draußen sitzen und sich an die sonnenwarme Hauswand lehnen konnte. Sandwich mit Hühnerbrust und Knoblauchbutter: elf Dollar fünfundsiebzig.

»Mein Freund«, sagte Steiner zu dem jungen Mexikaner, der unsere Wassergläser auffüllte. Eiswürfel klingelten im Krug. »Wie heißen Sie? Wo kommen Sie her? Was machen Sie hier?«

Julio – so hieß er – stellte den schweren Krug ab. Obwohl er so jung aussah, hatte er bereits vier Kinder. »Bald habe ich genug Geld zusammen, um sie herkommen zu lassen.« Er musste sparen und wohnte deshalb in einem Zimmer, das er mit drei anderen Männern aus seiner Heimat teilte. Deshalb arbeitete er drei Schichten in drei verschiedenen Restaurants und fuhr in der verbleibenden Zeit Burritos an den Reihen von Tagelöhnern vorbei, die in der Cesar Chavez Street darauf warteten, von potenziellen Arbeitgebern in einen Lastwagen geladen und zu einer Baustelle gebracht zu werden. Die Burritos verkaufte Julio allerdings nicht, er verschenkte sie.

Tagelöhner: unter fünfzigtausend Dollar im Jahr.

Julio zuckte mit den Schultern, lächelte verschwörerisch. »Ich komme durch«, sagte er.

Wir unterhielten uns so lange, bis der Chefkellner drohend zu uns rübersah und andere Gäste verdurstend ihre leeren Gläser ausstreckten.

»Siehst du«, sagte der Steiner.

»Ja«, sagte ich.

Doch während der Dotcom-Jahre nagte es an mir: das Gefühl, nicht genug Geld zu haben, oder jedenfalls weniger als alle anderen.

Das hatte nicht wenig mit der Tatsache zu tun, dass die Stadt und die nähere Umgebung plötzlich von Multimillionären unter dreißig bevölkert waren. Wir nannten sie »die Heuschrecken«, nach der biblischen Plage, wir schimpften über sie und beneideten sie doch heimlich. Wäre es nicht einfacher, eine von ihnen zu sein? Statt zu »allen anderen« zu gehören, die immer weniger und über die Stadtgrenzen hinaus in billigere Gefilde gedrängt wurden. Hatten »alle anderen« überhaupt noch eine Daseinsberechtigung?

Die Stadt war für den Heuschreckenansturm nicht gemacht: Es fehlte an Parkplätzen und an freien Tischen in den Restaurants, es fehlte der Platz zum Gehen, Atmen, Leben. Es fehlte vor allem an Wohnraum. San Francisco hat nach Manhattan die zweithöchsten Lebenshaltungskosten in den Vereinigten Staaten. Doch das sieht man der Stadt nicht an: Die Straßen sind voller Schlaglöcher, die elektrischen Leitungen baumeln zum Teil gefährlich tief über den Straßen. Ein Windstoß, und der Strom fällt aus. Schulen, Krankenhäuser, Transportmittel, kurz, alles, was von den Steuergeldern dieser Heuschreckenmillionäre hätte finanziert werden können, entspricht Dritte-Welt-Standards. Touristen finden das malerisch, der Alltag aber gestaltet sich dadurch eher anstrengend. Und schürt Ressentiments. Alles wurde sprunghaft teurer in dieser Zeit. Aber nichts wurde besser.

In diesen Zeiten spuckte das Silicon Valley laut *San Jose Mercury* jeden Tag vierundsechzig neue Millionäre aus.

Vierundsechzig Menschen, gestern noch einfache Sterbliche, nahmen täglich aus dem Zentrum der Computerindustrie eine Million Dollar mit nach Hause. Glatte grüne Scheine in einem kleinen Koffer, stellte ich mir vor, den sie an den Beifahrersitz lehnten, und bei Rotlicht langten sie rüber, tätschelten das glatte Leder und flüsterten: »Meine erste.«

Mein erster (Millionär) lümmelte an der Bar, einen Becher mit Grüngrassaft schwenkend wie guten Rotwein. Er redete von seiner ersten (Million) und von der »industry«, von der es hier nur eine gibt, wie auch in Los Angeles, nur da ist es die Film- und hier die Computer-.

Die Party hatte sich auf dem Heimweg plötzlich vor mir aufgetan, ein Loft voller Brillenschlangen, hämmernden Tönen und bunten Getränken.

»Ich bin nicht in der ›industry‹«, sagte ich, »I have no idea.« Und musste dann zwei weitere Becher lang erklären, was ich mit »schreiben« meinte, wenn nicht Computerprogramme.

»Ist da Geld drin?«, fragte der Junge. Er blickte mich nachsichtig an und sagte, ich erinnere ihn an seine Mutter, »no clue at all«, aber nachdem sie ihr Erspartes in seine ›industry‹ gesteckt hatte, »ich war grad achtzehn, aber sie glaubte an mich«, war sie bald auch – na, was wohl? – Millionärin. Immerhin.

Vielleicht würde er gegen Ende der Party ein Mädchen, das ihn nicht an seine Mutter erinnerte, an der Hand nehmen und ein Computerspiel mit ihr spielen. Wahrscheinlicher aber war, dass er sich allein die zwei Treppen hinauf zu seinem Computerpult schleppen, dort schnell ein paar Dinge checken würde, und dann wäre auch schon wieder Morgen, ein neuer Arbeitstag, Gott sei Dank.

Für die Jungs wie Kevin – so hieß er nicht, ich hatte mir

seinen Namen nicht merken können, aber es klang definitiv irgendwie nach »home alone« –, für die Jungen und Mädchen Internetmillionäre gab es keine Außenwelt. Sie schliefen, aßen und turnten in der Firma. Selbst Partys wie diese feierten sie hier, sie bestellten ihre Mahlzeiten per E-Mail und hatten das bereits vergessen, wenn der Mann von Webvan klingelte. Einmal draußen, blinzelten sie ins Tageslicht wie verkaterte Veteranen, wie der Mann, der sich vierzig Jahre lang im Dschungel versteckt und darauf gewartet hatte, dass der Zweite Weltkrieg zu Ende ging. Nein, ehrlich. Man sollte sie nicht beneiden.

Millionen bringen Leiden. Über Nacht reich zu werden ist ein traumatisches Erlebnis. Doch, doch: Man nennt es das »sudden wealth syndrome«. Schlaflosigkeit, Panikattacken, Paranoia. In den imaginären Köfferchen knisterten nicht nur die Geldscheine, sondern auch die Zweifel. Und sie wurden immer lauter: Bin ich die Million wert? Habe ich sie auch im übertragenen Sinn verdient? Was mache ich jetzt? Und gleichzeitig: Man gönnt sie mir nicht, man will sie mir wegnehmen. Wie Onkel Dagobert saß der Millionär wach und zählte und zählte und zählte.

Natürlich wuchsen dem Syndrom sofort Therapeuten nach, die speziell fürs »sudden wealth syndrome« zuständig waren.

Das Leiden, das wir alle gern teilen würden.

Das Recht, das eigene Glück zu verfolgen, the »pursuit of happiness«, ist im amerikanischen Grundgesetz verankert. Das muss man sich mal vorstellen. Dem Glück nachrennen zu dürfen, ja, eigentlich schon zu müssen. Allerdings gilt auch das ungeschriebene Gesetz: Glück ist Geld. Erfolg ist Geld.

Es geht mir gut, I am doing well, heißt: Ich verdiene gut. Ich habe genug Geld.

Auf den Schock der Erkenntnis, dass es keineswegs so ist, waren sie nicht vorbereitet, die neuen Millionäre, so wenig wie die verzweifelten Hausfrauen aus der Wisteria Lane. Dass die Erfüllung eines Wunsches, das Erreichen eines Ziels, beinahe unweigerlich einen Absturz zur Folge hat, wissen wir seit Sigmund Freud – aber der hat ja die amerikanische Veerfassung nicht mitverfasst.

Der nächste Trend hieß folgerichtig: »new simplicity«, die neue Einfachheit, der künstliche Verzicht. Die Bewegung berief sich auf Henry David Thoreaus *Walden*. Die Urväter wie Duane Elgin, der den Begriff durch sein bereits 1980 erschienenes Buch *Voluntary Simplicity* geprägt hatte, plädierten ganz wörtlich für ein Aussteigen, zurück zum einfachen Leben auf dem Land, zur Selbstversorgung. Ein Trend, der sich hauptsächlich unter Frauen verbreitete.

Von der Dotcom-Millionärin zur Ziegenhirtin war allerdings ein gewaltiger Sprung, den kaum eine schaffte. Deshalb wurden gleich zwei Magazine, die Frauen helfen sollten, ihr Leben einfacher zu gestalten und es gleichzeitig auch mit einem tieferen Sinn zu erfüllen, auf den Markt geworfen. Wie lebt man mit nur einem Auto und einem Telefon pro Familienmitglied? Wie feilt man sich die Nägel selbst? Wie dämmt man die Werbeflut im Briefkasten ein? Das alles erklärt einem die Zeitschrift *Real Simple*, auch wie man das Badezimmer putzt, nämlich von oben nach unten, damit man nicht im Nassen steht, während man den Spiegel blank reibt. Darauf wäre ja keiner gekommen.

Simplicity, die zweite Zeitschrift, wendet sich eher an die junge urbane Leserin, die erfährt, dass sie auch mal mit »bed hair« (nicht zu verwechseln mit »bad hair«) zur Arbeit gehen kann und dabei circa vierzig Minuten spart. In dieser Zeit kann sie meditieren – beide Magazine betonen die Bedeutung von spirituellem Ausgleich: Immer nur Geld zählen bringt einen ja nicht weiter. Meditieren ist »einfach«, kostet nichts, und man »erzielt schnell Resultate«.

Als kleine Freude wird auch das Lesen angepriesen, wenn man den »einfachen«, weiß überzogenen Sessel hat und eine Kaschmirdecke von Banana Republic, um sich einzukuscheln (Kaminfeuer wird vorausgesetzt). Zum Beispiel eine Kurzgeschichte von Dorothy Parker: die über die beiden Sekretärinnen, die in der Mittagspause jeweils das »Was würdest du mit hunderttausend Dollar anfangen?«-Spiel spielen. Das tun sie mit großem Ernst und Genauigkeit jeden Mittag, bis sie feststellen müssen, dass die Halskette bei Tiffany allein schon siebzigtausend kostet und für das Haus, den Wagen, den Pelz nichts übrig bleibt. Schockiert gehen sie sich ein paar traurige »lunch hours« lang schweigend aus dem Weg, bis plötzlich die eine die entscheidende Frage stellt: »Was würdest du mit einer Million anfangen?«

Abstecher: San Francisco für Arme

Die meisten Museen verlangen am ersten Dienstag des Monats keinen Eintritt. Außer den »usual suspects« ist vor allem das **Cartoon Art Museum** sehenswert. 655 Mission Street, Tel. 415-227 8666, www.cartoonart.org. Vor dem neuen **De Young Museum** im **Golden Gate Park**, das von außen interessanter ist als von innen, befindet sich allerhand erkletterbare moderne Kunst, die Kindern leicht den Spielplatz ersetzt. Im Park gibt es überhaupt viel zu tun und zu sehen, z. B. die Büffelherden, die »vielen Blümchen« im viktorianischen Glashaus, das Training der Swing-Dancer, gleich neben den Tai-Chi-Gruppen, den Rollschuhläufern und Ruderern.

Hier finden auch diverse Gratisveranstaltungen statt, wie das dreitägige **Hardly Strictly Bluegrass Festival** (www. strictlybluegrass.com) und die **Opera in the Park**, für die die halbe Stadt die Picknickdecke ausbreitet. www. sfgate.com/www.sfopera.com.

Sämtliche Stadtstrände sind einen Tagesausflug wert, auch bei schlechtem Wetter.

Die von lokalen Komikern geführten **foot tours**, beispielsweise »Where the f… is the beach in North Beach???«, sind so unterhaltend und voller Insiderwissen, dass sich ihnen immer auch Stadtbewohner anschließen. Einmal die Woche gratis. Tel. 415-793 5378, www.foottours.com.

Die öffentliche Bibliothek, die **San Francisco Public Library**, am Civic Center wurde lange renoviert und ist heute ein Ort, an dem man sich gern aufhält. Helle, angenehme Leseräume und erstaunlich gutes Cafeteria-Essen. 100 Larkin Street, Tel. 415-557 4400, www.sfpl.org.

Die öffentlichen Verkehrsmittel sind bestimmt die billigste Art, die Stadt kennenzulernen. Ganz zu schweigen von ihren Bewohnern. Das Bevölkerungssegment der Mitfahrenden kann sich von einer Haltestelle zur nächsten drastisch verändern. Besonders empfehlenswert sind die Linien 38, 48 und 22, von einer Endstation zur anderen.

Im **Playstation Shop** im Metreon kann man ganze Tage verblöden, ohne dass jemand etwas sagt. 101 4th Street, Ecke Mission Street, www.westfield.com/metreon.

Ganz Amerika? Nein!

Am 11. September 2001 hatte ich Besuch vom Schweizer Fernsehen. Ein Interview für eine Kultursendung stand an, ein neues Buch sollte vorgestellt werden. Wir hatten uns Drehplätze überlegt, in meinem ehemaligen Wohnviertel im Richmond District, am Meer, ein Gespräch mit Phil vielleicht, der uns den Wandschrank zeigen sollte, in dem ich das Buch geschrieben hatte.

Als wir beim Frühstück saßen, rief meine Mutter an. Wir hatten noch keine Nachrichten gesehen. Oder gehört. In New York war es drei Stunden später. Das hatte uns bisher nicht gekümmert.

»Bist du sicher?«, fragte ich. Den Hörer unters Kinn geklemmt, Sandwich bestreichend, Lunchbox packend. »Na, es wird schon nicht so schlimm sein.«

Über den Tisch hinweg wechselte ich einen Blick mit Lino. Er hob die Brauen, ich lächelte. Sie übertreibt, dachten wir beide. Bestimmt.

Erst auf dem Weg zur Schule drehte ich das Autoradio an. Die Straßen waren leer, aber die Schule war geöffnet. Ich lud die Kinder ab und fuhr nach Hause. Ich wollte das Interview absagen. Doch die junge Journalistin winkte ab: »Ach, davon spricht doch nächste Woche schon kein Mensch mehr!«

Berühmte letzte Worte.

Das amerikanische Fernsehteam gab sich professionell, schaltete aber in jeder Gesprächspause den Fernseher ein, um die Nachrichten zu verfolgen. Dann richteten sie ihre Geräte wieder auf mich, und ich schwafelte von einem Roman, der noch nicht erschienen war und der nichts mit nichts zu tun hatte. Wir fuhren durch die menschenleere Stadt und merkten erst am Meer, was fehlte: der Flugzeuglärm. Nur das Knattern von Helikopterpropellern war zu hören.

Ich holte die Kinder ab, als ich hörte, dass die Schulen geschlossen würden.

Lino schaute mich streng an: »Wirst du jetzt etwa amerikanisch?«, fragte er genervt. Überbesorgt, meinte er.

Sicherheitsbewusst.

Is it safe?

Wir gingen am menschenleeren Strand auf und ab und saßen dann in der Bar des Cliff House, wo wir fettige Tintenfischringe aßen und die Nachrichten an den vier Fernsehbildschirmen verfolgten, immer dieselben Bilder. Außer uns befanden sich ein paar verlorene Touristen in der Bar. Ausländer wie wir.

Ja, Ausländer wie wir.

So sah ich uns normalerweise nicht. Nicht bis zu diesem Tag.

Die nächsten paar Tage tat ich das, was alle taten: Ich klebte vor dem Fernseher. Der Ton wurde immer aggressiver und mir immer mulmiger. Ich fühlte mich fremd, zum ersten Mal, seit ich hier lebte. Als Außenseiterin. Ich konnte zwar den Schrecken teilen, das Entsetzen, aber nicht die selbstgerechte Empörung, nicht den Vergeltungsdrang.

Ich ging nicht mehr aus dem Haus, wusste nicht, wohin mit diesen Gefühlen, widerstand dem Bedürfnis, andere Ausländer anzurufen. Und sagte trotzig Nein, wenn mir von meinen Schweizer Bekannten nahegelegt wurde, zurückzukommen.

Dann rief Freddi an, um uns zu Rosh Hashana einzuladen.

»Keine Angst, es wird keine große religiöse Sache«, sagte sie, »ich wollte nur alle zusammentrommeln.«

Die amerikanische Jüdin, die einen »Free Palestine!«-Aufkleber auf der Stoßstange ihres eingebeulten deutschen Wagens hatte, zog mich in ihre kleine Wohnung, in der die Gäste sich auf die Füße traten, Freunde, Familie, Nachbarn, Kinder.

»Ich muss mit dir reden«, sagte sie drängend. »Wir müssen etwas tun. Die Stimmung im Land ist furchtbar. Wir müssen eine Demonstration organisieren.« Freddi gehörte zu den seltenen Menschen, die noch an die Revolution glaubten. Daran, dass sie bevorsteht. »Ich habe mir Folgendes überlegt: Wir verschleiern uns alle. Aus Solidarität mit den muslimischen Frauen.«

Ich hätte vor Erleichterung beinahe geweint. Ich wusste wieder, wo ich war und wo ich hingehörte. Nicht in die Kulissen von CNN oder Fox News, sondern in diese Stadt, zu diesen Menschen.

»Nicht Schleier«, sagte ich dann. Ich erinnerte mich an meinen ersten Aufenthalt in Ägypten, wo mich eine elegante Journalistin höflich auf meinen Platz verwiesen hatte, indem sie mir von einem Unterstützungskomitee erzählte, das sie als Studentin geleitet hatte, Unterstützung für die Frauen in der Schweiz, die noch kein Stimmrecht hatten. Im Gegensatz zu den Ägypterinnen.

Am nächsten Tag ging ich wieder aus dem Haus. Redete mit meinen Nachbarn, mit dem Verkäufer im Bioladen an der Ecke. Hörte nirgends die Töne, die die Flimmerkiste verbreitete.

Im Gegenteil: Das einzige afghanische Restaurant in der Stadt, das Hellmand in der Lombard Street, wurde von wohlmeinenden Radiohörern geradezu überrannt, die ihre Solidarität bezeugten und gleichzeitig anhand der Afghanistan-Karte auf den Papierservietten ihre geografischen Kenntnisse auffrischten. (Nicht besser ging es nach Frankreichs Protest gegen den Irakkrieg und den trotzigen »Freedom Fries«-Reaktionen der konservativen Medien den diversen französischen Restaurants in der Innenstadt, in denen sich diverse Aktivistengrüppchen »nun erst recht« trafen. Die Restaurantbesitzer waren allerdings von dieser Solidaritätsbezeugung eher weniger begeistert, da die alternden Hippies groß Tische besetzten und meist nur Käse und Wein bestellten. Dafür trugen sie Baskenmützen und hielten Plakate hoch, auf denen stand: »Merci la France!«) Mein Nachbar stellte eine Kerze ins Fenster und ein handgemaltes Schild, auf dem zu lesen war: »Ich schäme mich, Amerikaner zu sein.« Unter der Brücke fanden die Paddelproteste der Surfers Against War statt, während sich in der Innenstadt die Yogis for Peace auf den Kopf stellten. Jeden Tag, denn was sollte man auch sonst tun, wenn die Welt kopfstand?

»Dissent is not Unamerican!«, mahnte ein Banner vor der berühmten Buchhandlung City Lights Books. Und manchmal kamen Touristen in den Laden, die kein Buch kaufen, sondern dem Buchhändler nur die Hand schütteln wollten. »Danke«, sagten sie. »Das darf man bei uns schon gar nicht laut sagen. Bei uns in Kansas oder in Florida.«

Zwei Männer weigerten sich in der Yogastunde, sich in die Brücke zu stemmen. »Das löst bei mir zwiespältige Assoziationen aus«, argumentierten sie ernsthaft. »›Bad vibes‹, du weißt schon.«

Es war ein Tag mit »orange alert«, mittlerer bis hoher Attentatsgefahr. Je zwei bewaffnete Nationalgardisten bewachten beide Brücken. Rund um die Uhr, in Zwölf-Stunden-Schichten.

Wie nun diese Maschinengewehre genau gegen Bomben eingesetzt werden sollten und was überhaupt die Aufgabe dieser Wachen war, wusste niemand so genau. Nicht einmal die Wachen selbst. »Man sagt: ›Bewache‹, und ich bewache. Man sagt: ›Geh nach Hause‹, und ich geh nach Hause.«

»Ist es nicht ein gutes Gefühl, von diesen Leuten beschützt zu werden – die in ihrer grünen Tarnmontur auf einer knallorangefarbenen Brücke ja gar nicht weiter auffallen?« Lokalkomiker Robin Williams hatte das Witzpotenzial in dieser Sache schnell erkannt und in sein Programm eingebaut.

»Wie kannst du dort noch leben?«, fragten mich die Schweizer immer und immer wieder und meinten: dort, in der Gefahr, dort, in Bush-Land. »Jetzt kommst du doch bestimmt bald zurück?!«

»Nein«, sagte ich. »Das Einzige, was ich aus der Schweiz vermisse, ist meine Schwarzweißbrille.«

Denn das machte es erst so schwierig: der Zwiespalt. Die Zweifel, das »Sowohl als auch«, das »Ja, aber«. Situationen wie diese sind einfacher zu ertragen, wenn man sie in Schwarzweiß sehen kann.

Beinahe nostalgisch dachte ich an den letzten Golfkrieg zurück, als ich Amerika noch pauschal verurteilen konnte.

Das vermisste ich manchmal wirklich: diese selbstgerechte Gewissheit. Die wurde mir dadurch, dass ich in diesem Feindesland lebte, genommen. Ich konnte das amerikanische Volk nicht mehr mit seiner Regierung gleichsetzen. Ich konnte nicht mehr sagen: die Amerikaner.

Wenn ich den Fernseher einschaltete, lief auf sechs Kanälen Propaganda. »Wir brauchen die Medien, um in der Bevölkerung Unterstützung für diesen Krieg zu gewinnen«, das wurde schamlos offengelegt. Zap, zap, zap: sechs Sender voller »Hau ruck, wir siegen! Gott ist mit uns«. »Wollen wir einem Wahnsinnigen ausgeliefert sein, der Zugang zu verheerenden Waffen hat?«, las Bush vom Teleprompter ab und meinte damit vermutlich nicht sich selbst. Zap, ich schaltete um und landete mitten im Film *Straight Story*, der Geschichte eines alten Mannes, der sich per Traktor aufmacht, seinen Bruder zu besuchen. Der unterwegs auf die Freundlichkeit von Fremden angewiesen ist. Und sie auch antrifft. Überall.

Dieser Film, nur ein Zap! von der Propaganda entfernt, erinnerte mich daran, was ich an den Amerikanern liebte, immer noch: das im besten Sinne Naive.

An einem Kühlschrank in der Schweiz hing ein Bild, aus einer Zeitschrift geschnitten: eine gut aussehende Familie im Styling der sechziger Jahre, auf diversen Sofas lagernd, an Joints und Wasserpfeifen ziehend, auch die Kleinsten.

»Das ist das Amerika, das ich liebe«, sagte meine Freundin, der der Kühlschrank gehörte und die das Foto ausgeschnitten hatte. Sie schaute mich über die Lesebrille hinweg streng an. Als hätte ich dieses Hippie-Idyll persönlich zerstört.

Doch nur zehn Jahre, bevor diese Szene aufgenommen (und veröffentlicht!) wurde, terrorisierte Senator Joseph

McCarthy das Land mit seiner Kommunistenhatz. Künstler und Intellektuelle verließen das Land in Scharen. Wer blieb, lebte in Angst. Es reichte, auch nur ein Buch eines russischen Schriftstellers im Bücherregal zu haben, um vor Gericht gestellt zu werden.

»Auch das ist Amerika«, sagte ich, und meine Freundin schob die Brille auf die Stirn.

Und gerade das machte mir Hoffnung. Das mangelnde Geschichtsbewusstsein, das den Amerikanern zu Recht vorgeworfen wird, ist zugleich auch ihre große Chance, denn das ermöglicht ihnen, sich immer wieder neu zu erfinden.

Am ersten oder zweiten Jahrestag des 11. September, ich weiß es nicht mehr, traf ich mich mit Freddi zu etwas, das sie hartnäckig als Soiree bezeichnete. Ich konnte sie nicht davon überzeugen, dass ein Glas Wein und eine selbst gedrehte Zigarette aus biologisch-dynamisch angebautem Tabak noch keine Soiree ausmachten.

Ihr Freund Neal kam von der Arbeit, vom Bau, er nannte sie »Babe« und küsste sie schmatzend, nahm sich ein Bier aus dem Kühlschrank und warf den Fernseher an. Dann diskutierten wir über Autoaufkleber. »Europe is for Homos« gefiel mir und auch »Old European on Board«. Den musste ich haben. Freddi hatte von ihrer Mutter einen religiösen Aufkleber geschenkt bekommen, auf dem stand: »Das letzte Mal, als wir auf eine Stimme hörten, die aus einem Bus(c)h kam, irrten wir vierzig Jahre lang durch die Wüste.«

»Zu lang«, befanden wir, »zu wenig klar.«

Lustiger fanden wir »Good Bush/Bad Bush«, der in einfachen Strichen gezeichnet das Schimpansenprofil des Präsidenten beziehungsweise eine üppig wuchernde Scham zeigte. Freddi klebte ein Exemplar davon auf die Lunchbox ihres Freundes, die sie jeden Tag liebevoll mit makrobiotischen Leckereien füllte, wofür Neal auf dem Bau dann ausgelacht wurde.

Aus dem Nebenzimmer hörte ich plötzlich Deutsch, ich hörte Schröder donnern und schaute Freddi an. »Nachrichten schaut Neal grundsätzlich nur auf BBC«, sagte Freddi. Ihre Stimme klang ein wenig wie die der ägyptischen Journalistin damals, ein bisschen angestrengt, ein bisschen müde. Von der Last der vorgefertigten Ideen, der Pauschalurteile. Würde ich es nie lernen?

»Noch ein Glas?«, fragte sie versöhnlich.

Ich nickte. »Das ist aber immer noch keine Soiree«, sagte ich. Und dachte: Die Revolution ist morgen.

San Francisco ist nur geografisch eine Halbinsel. In jeder anderen Hinsicht, kulturell, politisch und emotional, ist es eine Insel. Und doch, es ist Amerika. Ebenso wie Asterix' kleines Dorf Gallien ist.

SUMMERTIME WILL
BE A LOVE-IN THERE

Freundinnen müsste man sein

Auf dem Spielplatz lernte ich Kathy kennen, hübsch, rothaarig, mit einem grünen Chanel-Kostüm vom Flohmarkt und Kampfstiefeln bekleidet.

Der Spielplatz ist ein Ort, an dem Mütter auf Holzbänken sitzen und ihre meist kleineren Kinder beaufsichtigen, die sich mit Sand bewerfen oder auf Gerüsten herumklettern. Ein Ort, an dem sich Mütter prächtig unterhalten könnten, es aber selten tun, vielleicht, weil kein Alkohol ausgeschenkt wird.

Auf den Spielplätzen, die ich in Zürich widerwillig besucht hatte, wurde stattdessen Kindervergleichen gespielt: »Meine Selina hat ja mit neun Monaten schon Klavier gespielt, ganz von sich aus übrigens …«

»Interessant – ist das deine Selina, die da Sand in den Kinderwagen schaufelt? Auf das schlafende Baby drauf?«

Ein Spiel, bei dem ich selten gut abschnitt.

Dies nur, um meine zögerlichen Schritte zu erklären, die immer zögerlicher wurden, je lauter die Kinderstimmen vom Spielplatz herschallten. Cyril riss sich schließlich von mir los und rannte zum Sandkasten. Um die kompakte Spielkonstruktion waren Holzbänke aufgestellt. Im Kreis. Auf allen Bänken saßen Frauen. Auch gut. Ich hatte eine Sonnenbrille auf der Nase und ein dickes Buch in der Tasche – wie immer, wenn ich einen Spielplatz aufsuchte. Ich lehnte mich an den Zaun, lässig, wie ich hoffte. Vielleicht konnte ich als Kindermädchen durchgehen – es musste doch auch ältere Kindermädchen geben?

Da stieß sie mich von hinten an. Kathy stand auf der anderen Seite des Zauns und rauchte eine Light-Zigarette. Als ob die Kinder sie da nicht sehen könnten.

»Hi, ich kenne dich doch, dein Sohn geht in den Laurel-Hill-Kindergarten, oder nicht? Du bist mir aufgefallen, du trägst immer so coole Sachen – wo kaufst du die? –, ich geh selbst immer auf den Flohmarkt, ich habe nämlich kein Geld, ich heiße Kathy, und du?« Bevor ich antworten konnte, hatte sie ihre Zigarette auf den Bürgersteig geworfen und mit dem Kampfstiefel ausgetreten. »Ich sollte ja wirklich aufhören, aber wenn ich nicht rauche, esse ich zu viel, ich will auf keinen Fall wieder zunehmen, ich habe so schon die größte Mühe, meine Figur zu halten, deine Figur ist super, bist du von Natur aus schlank, oder hast du nachgeholfen?«

»Nachgeholfen?« Und da saßen wir schon auf einer Bank, neben drei andere Frauen gequetscht, die willig zusammengerückt waren, als Kathy mich vorgeführt hatte wie ein Flohmarktschnäppchen.

Wie ein solches klopften sie mich gleich von allen Seiten ab: »Bist du verheiratet? Bist du monogam? Bist du bisexuell?«

Und da heißt es immer, die Amerikaner seien prüde!

»Ich gehe mal eben Kaffee holen«, stammelte ich, »will jemand?« Und ergriff die Flucht. Dabei hatte ich mich immer für ziemlich cool und befreit gehalten.

Als ich mit litergroßen Kaffeebechern für alle und einer Tüte mit Kuchenstücken zurückkam, setzte Kathy den anderen gerade ihre sogenannte Diamant-Beziehung – ein Diamant hat ein paar Ecken mehr als ein Dreieck – auseinander, die unter anderem eine Kommilitonin an der Ostküste und den Zeichenlehrer ihrer Tochter involvierte. Jaz hingegen spann ein kompliziertes, aus Frauen und anonymen Samenspendern bestehendes Familiennetz, das durch die Tatsache, dass drei Viertel der involvierten Damen Susan hießen, nicht unbedingt überschaubarer wurde.

»Instant intimacy« heißt das Schlagwort dazu.

Irgendwann schaute eine der Mütter zu mir herüber – über mein Gesicht hatte ich die Papiertüte gestülpt, scheinbar, um die letzten Kuchenkrümel in meinen Mund zu schütteln, in Wirklichkeit, um nicht ohnmächtig zu werden.

»Tja«, sagte sie und tätschelte nachsichtig mein Knie, »du bist nicht mehr in Kansas, Dorothy!«

Ich nahm die Tüte von meinem Gesicht. »Ich heiße Milena«, sagte ich, »und ich bin aus der Schweiz.«

In der Schweiz hatte ich ein großes und kompliziertes Freundinnensystem – »du und deine einundsechzig besten Freundinnen«, schnauzte eine von ihnen gern. Das war mir wichtig, da ich endlose Grundschuljahre als freundinnenlose Außenseiterin gefristet hatte. Damals hatte ich mich nach Freundinnen gesehnt – »Freundinnen müsste man sein. Dann könnte man über alles reden, über jeden Traum.« Funny van Dannen hatte mich verstanden.

Meine Freundinnen waren mein Sicherheitsnetz, meine Lebenslinie. Aber unsere Beziehungen waren schwieriger als mein Liebesleben, von Eifersuchtsdramen und Vertrauensbrüchen erschüttert. Wir beobachteten einander genau, wir kommentierten: Wem erzählst du was, warum, warum

nicht mir, warum erfahre ich das nicht von dir und blabla-
bla ...

Dafür ließ diese Sofort-Intimität unter kalifornischen
Müttern keinen Spielraum: Jede wusste alles immer sofort.
Das Austauschen von tief-innersten Geheimnissen verlor
seine Bedeutung. Zeig mir deins, und ich zeig dir meins.
Die Welt der Mädchen unterliegt komplizierten und be-
deutungsvollen Regeln und Mustern, die – darin liegt der
ganze Witz – nur den Insidern klar sein können. Und zu
denen gehörte ich nun einmal nicht.

Deshalb, natürlich, war es mir so wichtig, Freundinnen
zu haben, viele Freundinnen: »safety in numbers«.

In San Francisco musste ich wieder bei null beginnen.

Freundschaft steht auf der Prioritätenliste des amerikanischen Traums ziemlich weit unten: Beliebtheit, »populari-
ty«, ist zwar eines der wichtigsten Attribute des erfolgreichen amerikanischen Highschool- und College-Studenten.
Doch nach der Ausbildung stehen ziemlich bald schon
Heiraten und Kinderkriegen, Haus kaufen und die Kar-
riereleiter erklimmen auf dem Lebensplan. Freundschaften
verlieren an Bedeutung.

»Dafür haben wir einfach keine Zeit«, sagte Barb. »Der
Arbeitstag ist so lang, und die Familie hat erste Priorität.
Freundschaften müsste man pflegen – das ist bei uns nicht
drin.«

Das Sozialleben findet am Arbeitsplatz statt – die meisten Firmen organisieren regelmäßig Partys, Picknicks und
Ballspiele. Man unterhält sich in den Spielpausen bei Sport-
veranstaltungen oder trifft sich nach dem Elternabend noch
auf ein Bier. Und ebenso die Buchclubs, die in Amerika wie
Pilze aus dem Boden sprießen, dienen als Rechtfertigung

für ein gemütliches Beisammensein, das einfach so, ohne Sinn und Nutzen, nicht stattfinden könnte. Auch ich musste erst einem Buchclub beitreten, bevor ich wieder zu einem Weiberabend kam.

»Wir setzen alles auf zwei Karten: Familie und Beruf«, erklärte Barb mir weiter. »Aber beliebt zu sein ist nicht dasselbe, wie Freunde zu haben. So fallen wir durch die Maschen. Wer eines von beiden oder gar beides verliert …« Ihre Hand zog eine Welle durch die Luft: geht unter. »Wir haben kein soziales Netz, das uns auffangen könnte. Weder der Staat noch die Gesellschaftsstruktur bieten uns das. Wir wissen nicht, was das ist.«

Dafür kann, auch wer keine Freunde hat, auf die Freundlichkeit von Fremden zählen, die oft die Funktionen von Freunden übernehmen. Wenigstens im praktischen Bereich. Kein Schicksalsschlag, dem nicht mit vorgekochtem Essen aus der Nachbarschaft und einer Geldsammlung begegnet wird.

Kurz vor Weihnachten, in den Kulissen des Schultheaters: Tuschelnd tauschten wir Feiertagspläne und Stressquotienten aus. Als ich erwähnte, dass ich zwischen Weihnachten und Neujahr ein paar Tage lang wegfahren würde, allein an der dramatischen Pazifikküste entlang, Santa Cruz, Monterey, Carmel, Big Sur, sprangen zwei Mütter, die ich nicht einmal besonders gut kannte, gleich einen halben Meter hoch in die Luft.

»Oh, fun, fun, fun!«, zwitscherten sie. »Wir kommen mit!« Und klatschten ihre Handflächen gegeneinander, was man einen »high five« nennt.

Ich schluckte. Damit hatte ich nun wirklich nicht gerechnet. Doch was sollte ich sagen? Hört mal, so geht das nicht, ich muss mir das erst überlegen, ich kenne euch doch gar nicht. Was, wenn wir uns nicht verstehen, wenn wir nicht dieselbe Einstellung zum Reisen haben beziehungsweise zum Leben an und für sich?

Nein. Ich war eben wirklich nicht mehr in der Schweiz. Und der Ausflug war ein voller Erfolg. Langsam, aber sicher hatte ich gelernt, mich in dieser Sofort-Intimität zu entspannen, ja, sie sogar zu genießen. Vor allem, da sie nicht an Bedingungen geknüpft war. Wenn es hier Regeln gab, dann waren sie mir nicht bewusst geworden.

Ja, sagten meine Schweizer Freundinnen dann, aber das ist doch nicht dasselbe, das ist doch oberflächlich. Das sind keine richtigen, tiefen Beziehungen, nicht solche, wie wir sie haben.

Nein, es ist nicht dasselbe. Jemanden seit drei Jahren zu kennen ist nicht dasselbe, wie jemanden seit zwanzig Jahren zu kennen. Und so lange dauert es – laut meinem Vater, der seinerzeit aus dem fernen Deutschland eingewandert war –, bis man in der Schweiz Freunde hat. Dann aber hat man sie – ebenfalls laut meinem Vater – für immer.

Doch am Ende gilt die schöne Weisheit: Freunde macht man sich nicht, man hat sie. Überall auf der Welt. Man muss sie nur kennenlernen. Das sind die Beziehungen, die auf einem intuitiven »Dich kenne ich doch!« basieren. Und die können einem überall auf der Welt, in jeder Form begegnen. Die können sogar Turnschuhe tragen.

Abstecher:
Spielplätze, die ich im Laufe
der Jahre besucht habe

Argonne Playground, der in der Geschichte erwähnte, 18th Avenue zwischen Geary und Anza Boulevard, Tel. 415-6667008.

Children's Playground, wo über die Jahre die meisten Kindergeburtstagspartys stattgefunden haben, am Kezar Drive im Golden Gate Park.

Dolores Park, wo sich die schönen Männer sonnen und es für das Mutterauge auch etwas zu sehen gibt, 20th Street und Dolores.

Mc Kinley Square, von dem die kurvigste Straße der Welt abgeht, 20th Street und Vermont.

Jackson Playground, von den Kindern »Stinky place«-Spielplatz genannt, wegen des Hopfengeruchs aus der nahen Anchor-Steam-Brauerei – Kinder! Arkansas Street und 17th Street.

Stadt mit Keuschheitsgürtel

Der Maler ließ den Pinsel sinken. Er stand auf der untersten Ebene des Gerüstes, das ein Haus in meiner Nachbarschaft verhüllte. Ich schleppte meine Einkaufstüten den Hügel hinauf, sah, dass er mich sah. Und dachte: Bitte, mach, dass er mir nachpfeift! Nur einmal! Bitte!

Allzu lange ist es noch nicht her, da war ich zutiefst entrüstet, wenn mir von Baustellen und Gerüsten nachgepfiffen wurde. Ich fühlte mich dadurch erniedrigt, entehrt, bloßgestellt. Und ich hätte nicht gedacht, wirklich nicht, dass mir diese Form der Bestätigung meiner Weiblichkeit einmal so fehlen würde.

Ich bildete mir ein, dass das Versiegen dieser Zeichen nicht mit meinem fortschreitenden Alter zu erklären war, sondern mit dem in dieser Stadt herrschenden Klima.

Denn San Francisco, Honeymoon-Destination Nummer eins für amerikanische Hochzeitspaare, ist eine zutiefst unromantische Stadt. Daran ändert auch die dramatische Kulisse nichts, die einen über den Mangel an erotischer Spannung erst einmal hinwegtäuscht.

Das ist umso ironischer, da San Francisco von jeher als Sündenbabel galt: Goldgräber, Seeleute, Prostituierte. Schon Rudyard Kipling hatte diesen Ruf verbreitet. Er soll einmal gesagt haben, dass San Francisco eine wahnsinnige

Stadt sei, in der vollkommen verrückte Menschen lebten und in der die Frauen von bemerkenswerter Schönheit seien.

»San Francisco, my favourite city, where the women are strong and the men are pretty« trifft es vielleicht noch eher.

Und dann kam der Summer of Love, freie Liebe, Bäderszene, Sodom und Gomorrha. Auf jedem Umsteigeflughafen im Land wird einem beim Einchecken wissend zugezwinkert: »San Francisco, so, so, hm, hm!«

San Francisco ist ein Versprechen. Doch eingelöst wird es nicht. Jedenfalls nicht in der Grauzone der Heterosexualität.

Ich testete meine Selbstschutztheorie an meinen Freundinnen und Freunden. Sie sollten mir bestätigen, dass dieses Desinteresse an mir nicht mein Fehler war. Und tatsächlich: Die, die wussten, wovon ich sprach, waren die wie ich »mit Heterosexualität Geschlagenen« (Zitat: Suzanne Zahnd). Und zwar jeden Alters und Geschlechts. Auch die modische Ausrichtung spielte keine Rolle.

»Es gibt keine Männer«, sagten sie.

»Es gibt keine Frauen.«

Und dann: »Die Männer wollen nicht …«

»Die Frauen wollen immer …«

Der eklatante Mangel an heterosexuellen Männern ließ schon Mary Ann Singleton (»singleton« ist eine etwas herablassende Bezeichnung für hoffnungslos Alleinstehende) aus den *Tales of the City* fast verzweifeln. Die erfahrenere Mrs. Madrigal tröstete sie mit dem kryptischen Versprechen: »Eine Frau, die in dieser Stadt triumphiert, triumphiert wirklich!« Was sollte das heißen – wer hier einen Mann findet, könnte überall einen kriegen? Auf dem Mond, in der Wüste, am Südpol?

Dass nicht jeder gut aussehende Mann an ihnen interessiert ist, ist allerdings die kleinste Hürde, die Frauen auf dem Weg zu diesem mythischen »Triumph« nehmen müssen. Paarungswillige Heterosexuelle beiderlei Geschlechts stellen immer noch die Mehrheit der Bevölkerung. Was ist es dann? Warum erscheint einem heute der fröhliche Geschlechterreigen der *Tales of the City* ebenso exotisch wie das unbeschwerte Rauchen von Zigaretten?

Das Balzverhalten der Amerikaner ist komplizierten und für Männer wie Frauen erniedrigenden Regeln unterworfen. Die einzelnen Schritte sind genau festgelegt, wer wann und wie oft zum Telefon greifen darf, bis hin zum ersten Kuss. Dass es nach dem dritten Treffen »zur Sache« gehen beziehungsweise zum Geschlechtsverkehr kommen soll, scheint unverrückbar. Darüber sind schon ganze Bücher geschrieben worden.

Man macht diese Paare sofort aus, die an den sogenannten »date-nights«, freitags und samstags, in den als romantisch angepriesenen Restaurants an kleinen Tischen sitzen, Händchen halten und einander über flackernde Kerzen hinweg angsterfüllt anstarren. Heute muss es passieren. Und dann?

Für solche Rituale wurde das Mundspray erfunden. Und mit tapferem Optimismus wird es immer noch verwendet.

Außenstehenden scheint es wie ein Wunder, wenn sich trotzdem einmal zwei finden. Die Regeln des Dating-Rituals werden von klein auf trainiert und beruhen auf der Vorgabe, dass Frauen nur ein Ziel haben, nämlich geheiratet zu werden. Den Männern hingegen kann es nur darum gehen, eben das zu verhindern oder wenigstens so lange wie möglich hinauszuzögern. Das Leben einer Frau beginnt mit der Heirat, das des Mannes endet damit. Fetzen dieser absurden Prämisse hängen noch in den Hirnwinkeln der progressivsten und befreitesten Amerikaner.

Als ich darauf bestanden hatte, ein zweites Mal zu heiraten, schenkte mir meine Mutter das Buch *Heiraten ist unmoralisch* von Esther Vilar. Damals, in einer Gesellschaft, in der heiraten weder notwendig noch besonders schick war, sondern eher als leicht peinliche romantische Laune gedeutet wurde, ergab das Buch für mich überhaupt keinen Sinn. Unter anderem wird darin der Ehering zum Symbol des Triumphs, zur geradezu obszönen Demonstration der eigenen Überlegenheit, im Sinne von: Schaut alle mal her, ich bin verheiratet, ätsch! Esther Vilar fordert deshalb die Abschaffung des Eherings als Zeichen der Solidarität mit allen unverheirateten Schwestern. Dasselbe gilt für alle anderen äußeren Zeichen des Ehestands, die genauso wenig zur Schau gestellt werden dürfen wie der eigene Reichtum. Kurz, das Buch basiert auf der Grundannahme, dass der Ehestand die bessere Lebensform sei, wenigstens in den Augen der Gesellschaft. Das entsprach nun gar nicht meiner Realität.

Erst als ich eine Weile in Amerika gelebt und gesehen hatte, wie tief diese Vorstellungen verankert sind, selbst bei meinen (an der Oberfläche) unkonventionellsten Freunden, verstand ich das Buch. Darauf hatte sich Esther Vilar also bezogen! Ach so! Und dann war ich auch nicht mehr traurig, dass ich nicht nur meinen Ehering, sondern auch meinen Ersatzehering verloren hatte. Das war also keine sträfliche Schusseligkeit meinerseits, sondern ein (wenn auch unbewusst) gesellschaftskritischer Akt gewesen.

Nicht die Ehe als Zustand, wohl aber das Heiraten als Akt, die Hochzeit als Event, werden hier sehr viel ernster genommen als in Europa. Für eine gelungene Hochzeit werden Schulden und Radikaldiäten gemacht, ganze Armeen von Planern und Machern engagiert, Nerven verloren, Freundschaften aufs Spiel gesetzt, Traditionen hochgehalten, die keine fünf Minuten alt sind.

Das merkte ich spätestens, als ich neben meiner in einen Sari gewickelten und barfüßigen Freundin Alice stand – als ihre »matron of honor«.

Diesen wenig schmeichelhaften Titel hatte sie mir nicht im Scherz aufgedrängt, wie ich zuerst gedacht hatte. Ich hatte ebenfalls nicht begriffen, welche Pflichten mit diesem Ehrentitel verbunden waren, zum Beispiel, dass ich eine Rede schreiben musste.

Das wurde mir erst in dem Augenblick bewusst, als mich die Gäste erwartungsvoll anstarrten. Untergrundkünstler und Yogalehrer, Filmemacher und Fotomodelle an runden Tischen in einem leer geräumten Loft hoben die Gläser und schauten zu mir herüber, mit diesem breiten, erwartungsvollen Lächeln, das nur mit chemischer Hilfe erzeugt werden kann.

»Ääähhhh ...« Woher hätte ich auch wissen sollen, dass dieser Anlass so buchstabengetreu ablaufen würde? Vielleicht, als Alice mir den zum indischen Thema passenden, von Jeff und Jim ausgeliehenen Hotpants-Overall mit goldenem Paisley-Muster verbot und mir stattdessen ein langes Kleid aufzwang? Oder als ihre Schwägerin in spe mit anklagendem Ton das Fehlen eines »bridal showers« beklagte, eines champagnergetränkten Geschenkeverteilens, das ich hätte organisieren müssen? Woher hätte ich wissen sollen, dass Alice – Künstlerin, Yogini, Untergrundbewohnerin – eine Wunschliste im traditionellen Warenhaus Macy's hinterlegt hatte?

Zum Glück hatte ich genügend amerikanische Filme gesehen, um improvisieren zu können: »We are gathered here today ...«

Am Ende blieb kein Auge trocken.

Das Unterfangen Partnersuche wird in den USA angegangen wie ein feindliches Manöver, mit Tricks und Fallen. Frauen haben Listen, auf denen sie definieren, was einen Mann zum »husband material« macht. Von der Körpergröße über den Jahresverdienst bis zur Familiengeschichte wird abgehakt und angekreuzt. Wer nicht passt, wird gnadenlos aussortiert. Wer infrage kommt, ebenso unerbittlich verfolgt. Der durchschnittliche breitkiefrige amerikanische Mann hingegen verteidigt mit ebensolcher Unerbittlichkeit das, was er seine Freiheit nennt: das Recht, auf der Couch zu vergammeln, Pizzaschachtel auf den Knien, Bierdose in der Hand. Ein Bild der Männlichkeit, die in Amerika oft dem entspricht, was in anderen Kulturen als typisch adoleszentes Verhalten gedeutet wird.

»Amerikanische Männer werden erst mit fünfzig erwachsen«, hörte ich oft von entnervten Freundinnen. »Oder, wenn sie einen Schicksalsschlag erlitten haben.« Was sie ihren Landsleuten ja nicht wünschen, deshalb verlegen sie sich auf die Jagd nach dem perfekten europäischen »husband«.

Der Ausdruck Krieg der Geschlechter bekommt in diesem Zusammenhang eine ganz neue Bedeutung. Bei den amerikanischen Paarungsritualen spielt Verführung keine Rolle, sondern es geht immer um Eroberung. Im Krieg wird nicht getanzt und nicht gespielt. Darauf kann keine Zeit verschwendet werden. Nicht, wenn man ein Ziel vor Augen hat. Und das ist es, was hier fehlt. Das Spiel. Der Tanz. Das spielerische Schäkern, das ebenso wenig zum

Ziel führen soll wie das Hinterherpfeifen von Baugerüsten herunter.

Die Frauen, die wie Madame Madrigal hier triumphieren, sind die, die wissen, was sie wirklich wollen, die sich nicht um diese Regeln scheren.

»Wenn ich einen Mann kennenlerne, sage ich immer gleich: ›I don't date.‹ Weil mir das zu anstrengend ist«, sagte eine deutsche Bekannte. »Du solltest die Erleichterung in ihren Gesichtern sehen! Ich halte mich nicht an die Regeln, beim ersten Date sich nur zum Kaffeetrinken zu treffen – was will ich mit Kaffee? Ich arbeite den ganzen Tag, abends habe ich Hunger. ›Wir gehen ins Restaurant‹, sage ich, und ich zahle auch selbst. Wenn wir uns nichts zu sagen haben, dann haben wir wenigstens gut gegessen.«

Was uns Europäerinnen ganz normal vorkommt – mit einem Mann den Abend zu verbringen, essen zu gehen, ja, selbst sich auf dem Gehsteig vor dem Haus zu küssen, bis die Lippen bluten, ohne dass es gleich was zu bedeuten hat oder, ganz im Gegenteil, dass es alles bedeutet –, ist für Amerikanerinnen undenkbar. Jeder Schritt wird mit Bedacht getan: Was heißt das, wo führt das hin? Alles ist höchst kompliziert. Ein Minenfeld.

Zu diesen menschenfremden Regeln kommen in San Francisco speziell erschwerend noch andere Faktoren hinzu: die politische Korrektheit, die verfluchte, die hier sozusagen erfunden wurde, dann die allgemeine Verunsicherung, die Verwischung der geschlechtlichen Identitäten und auch die Tatsache, dass die Stadt von Computergeeks bevölkert ist, deren soziale Kompetenz von jeher eher unterentwickelt ist.

Auch das viel beschworene puritanische Erbe spielt eine

Rolle. Und zwar ist es hier nicht eine Prüderie, die verschweigt, sondern im Gegenteil eine, die alles bezeichnet. Die das Geheimnis zerstört und mit ihm die Lust.

Eines Tages kam mir auf dem Schulhof Mary-Beth entgegen, sie ging gekrümmt, in der Hüfte eingeknickt wie ein Taschenmesser.

»Hexenschuss.«

»Oh, das tut mir aber leid.« Eine angemessene Reaktion, fand ich, wir kannten uns schließlich nicht besonders gut. Unsere Kinder waren in derselben Klasse, wir grüßten uns, wenn wir uns beim Abholen oder Bringen begegneten.

»Nicht doch«, strahlte sie, »es hat sich gelohnt: Ich hatte meinen ersten Orgasmus seit zehn Jahren!« Und schon folgte eine Zusammenfassung ihres sexuellen Lebenslaufs: »Mein erster Mann war drogensüchtig, habe ich dir das erzählt? Nein? Nun, man weiß ja, was Heroin für Auswirkungen auf die Libido hat. Also da lief nichts. Und mein zweiter, der war so nett, so sensibel. Der sagte immer, wenn ich so richtig in Fahrt kam: ›Sei still, Mary-Beth, sei still‹, sagte er, ›du bringst mich ganz aus dem Konzept.‹ Ja, was soll ich sagen, ich bin eben eine Schreierin UND eine Stöhnerin …« Lächelte, winkte einer verspäteten Lehrerin zu und hinkte gebückt zu ihrem Auto. Ließ mich mit hängenden Armen dastehen, auf meinen Lippen erstarb die Floskel »Thank you for sharing«.

Genauso sprachlos ließ mich mein Nachbar eines Tages stehen, ein netter junger Mann vom Typ »all-American boy«, den ich höflich fragte, wie sein Blind Date gelaufen sei. Er beschrieb mir in aller Ausführlichkeit die Orgie, die er mit der jungen Frau besucht hatte: »Und dann waren da plötzlich diese Mädchen in der Hängematte, die eine lag so und die andere so …«

Derselbe Junge hatte sich im Vorfeld dieses Treffens noch beklagt, wie schwierig es sei, in dieser Stadt ein »nettes« Mädchen kennenzulernen. Eines mit Prinzipien. Und Manieren. Vielleicht eines aus dem Mittleren Westen, wo er auch herkam, ein Mädchen, kurz, wie seine Mutter. Deren Bild an seinem Kühlschrank hing. Fröhlich blinzelte sie über einem paillettenbestickten Pullover in die Kamera und zu uns herüber. Zu ihrem Sohn, der jetzt die Kleidung der Mädchen beschrieb, die in der Hängematte lagen, beziehungsweise das Fehlen derselben.

Bilder, um die ich nicht gebeten hatte.

Sexclubs und Sexshops sind Teil des öffentlichen Straßenbildes in San Francisco, hell beleuchtet, sauber – »clean«. Zuvorkommendes und gut geschultes Personal preist die neuesten Entwicklungen auf dem Vibratorensektor an, als handle es sich um Küchengeräte.

»Wofür brauchst du ihn denn genau?«, fragen sie höflich. »Nur, um deine Bedürfnisse einzugrenzen.«

Einzugrenzen???

In jedem Yogakurs traf ich mindestens zwei »Sexarbeiterinnen« oder Stripperinnen, meist arbeitslose Programmiererinnen, die ihren Job mit nüchterner Professionalität erledigten und sich auch gewerkschaftlich organisierten. Sie nennen sich »Lusty Ladies« und sind an den Einnahmen des Clubs beteiligt. In Rollkragenpullovern stellen sie sich der Presse und beschreiben ihre Dienstleistungen emotionslos.

Die Exotic-Erotic-Messe zieht jedes Jahr Tausende in Gummi gequetschte Paare in die schmucklosen Hallen des Cow Palace – passender könnte der Name kaum sein. Unter Gummimasken breit lächelnd, erklären sie jedem, der es nicht wissen will, wie gut die hier ausprobierten Praktiken ihrer Ehe bekämen.

»Wir sind uns so nahe! Wir würden nie etwas ohne den anderen tun! Nein, wir würden uns nie betrügen, wo denken Sie hin! Eine Affäre? Also wirklich!«

Die Orgien sind der Kitt, der sie zusammenhält, der Gedanke an eine Affäre, eine leidenschaftliche oder schmerzhafte, eine schuldbewusste oder schweißtreibende, ist es, der sie wirklich schockiert. Während der Ledermesse in der Folsom Street, der Folsom Fair, kann es vorkommen, dass man im Restaurant auf am Boden kniende Gäste trifft, die an das Tischbein gekettet essen.

Als mir bei einem Bekannten die Ösen im Türrahmen auffielen, fragte ich naiv, ob er da eine Yogaschaukel aufhängen könne. »So cool!« Er grinste nur und ließ eine Kette durch die Ösen laufen, an deren Ende schwere, eiserne Handschellen baumelten.

»Willst du mal?« Ich machte vor Schreck einen Satz zurück in die Küche und stieß dabei aus Versehen die kunstvoll gestapelten Schachteln seiner Sammlung von Cartoonfiguren-Pasta um: Mickey-Pasta, Schwammkopf-Pasta, Charly-Brown-Pasta und darüber rostige Handschellen.

Mit der Zeit gewöhnte ich mich daran, dass auch die fröhlichsten Talkmasterinnen im Frühstücksfernsehen ungeniert Sexpraktiken diskutieren, die ich mir nicht mal vorstellen mochte. Ich verschluckte mich nur noch selten an meinem Morgenkaffee.

San Francisco verhielt sich da nicht anders als die coolen Mädchen damals an meiner Mittelschule: Es sind nicht die, die am meisten darüber reden, die Sex am meisten genießen.

Dieser Verbal-Exhibitionismus steht übrigens in keinem

Widerspruch zur puritanischen Grundhaltung der meisten Amerikaner. Er ist – im Gegenteil – ein Versuch, Sex runterzubuchstabieren. Sex im selben Tonfall wie Kuchenrezepte oder Kinderkostümpartys abzuhandeln, bringt ihn auf dieselbe harmlose, fröhlich-saubere Ebene.

Ebenso wird die Liebe an und für sich flächendeckend gestreut: »I love you« sagt man zu jedem, der es hören will, zu Kindern und Enkeln und Haustieren, zu Freundinnen und Freunden, zu Onkel und Tante und allen anderen buckligen Verwandten, zum Briefträger, zum Nachbarn. Allenfalls Steuereintreiber und Verkehrspolizistinnen werden von diesem allgemeinen Liebesregen verschont. »I love you« ist die übliche Verabschiedungsfloskel am Telefon, egal zu wem: »Lav'ya! Have to go, Babe! Lav'ya!«

Im Schweizerdeutschen, das muss ich an dieser Stelle vielleicht erklären, gibt es kein »Ich liebe dich«. Allenfalls »Ich ha di gärn« – »Ich hab dich gern«. Auch das wird nicht oft gesagt. Wie es in dem schönen Lied *Abt. Sprachliches* von Elsi Attenhofer heißt: »Ich früür a'd Füess« – »Meine Füße sind kalt«. Das ist das höchste der Gefühle, die Schweizer Liebeserklärung schlechthin, denn »Meine Füße sind kalt«, das heißt »Ich würde sie gern wärmen, an dir, mit dir, unter der Decke.«

»Ich liebe dich« hingegen sagt man nicht. Allenfalls übersetzt man es holprig aus dem ungeliebten Hochdeutsch oder bedient sich lieber gleich ganz einer Fremdsprache: »I love you« sagt man zueinander, »ti amo, je t'aime«. Klingt auch besser. Aber leicht geht uns auch das nicht über die Lippen.

»Natürlich liebe ich dich – wäre ich sonst hier?« ist die Devise der Schweizer. »Ich habe dich schließlich geheiratet,

ODER? Natürlich liebe ich meine Kinder, das versteht sich doch von selbst! Das muss man doch nicht extra sagen!« Grundsätzlich verschwendet man keine wertvollen Worte für etwas, das sich von selbst versteht. Man spart sie lieber auf, für den Notfall, für den Fall, dass es etwas anzukreiden gibt. Wie der Künstler in der Tosca Bar sagte: »So drücken wir unsere Gefühle aus. Indem wir uns beschweren.«

In Amerika hingegen gilt statt Margrit Rainer eher die Liedzeile von Lyle Lovett: »I love everybody – especially you.«

So war es kein Wunder, dass die Schweizerin erst mal nach Luft schnappte, wenn sie sozusagen gewaltsam in dieses Liebesbad eingetaucht wurde. Doch mit der Zeit gewöhnte ich mich an diesen ständigen Schauer von Liebesbezeugungen, nahm sie so gelassen hin, wie sie verteilt wurden. »I love you« heißt alles oder nichts und manchmal auch »Dein Lächeln kommt direkt vom Himmel«.

Solche Komplimente, das fand ich mit der Zeit heraus, bekommt man nur von Obdachlosen. Und zwar von einer ganz speziellen Art von Obdachlosen, nämlich von den altmodischen, alkoholgetränkten, nicht von den jüngeren, drogenzerfressenen, oft auch aggressiven. Für ein oder zwei Dollar ließ ich mir an der Straßenecke so das Selbstwertgefühl aufpolieren. Wenn es nötig war.

Und trotzdem ging ich langsamer. Ließ den Maler nicht aus den Augen. Ein Lächeln kroch heran. Und tatsächlich, als ich noch einen Schritt entfernt war, sprach er mich an: »Ich kenne dich doch aus dem Zen-Center?!«

Willkommen in San Francisco, Baby.

Ich lächelte und sagte Nein. Er hob den Pinsel und pinselte weiter. Und ich trug meine Einkäufe nach Hause.

A WHOLE GENERATION WITH A NEW EXPLANATION

Kitchen Classics

BREAKFAST SKILLETS

STARTING AT

$399

AVAILABLE 5 A.M.
TO 10 AT NIGHT
LIMITED TIME ONLY

»Vielleicht sollte sie jeden Tag so
leben, als ob's der letzte wär
mit so einem Typ wie Jimmy
in Kalifornien, am Määäääär...«

Udo Lindenberg

Du warst eine echte Katastrophe

Magdalena schaute mich über einen Teller voller Grünzeug, zerpflückter Krabben und rosa Mayonnaise, einem sogenannten Crab Louie, hinweg streng an. Wir saßen im altmodischen Dolphin Diner, einem windschiefen Schuppen ganz am Ende des Piers von Santa Cruz. Die Fransen hingen uns nass ins Gesicht. Wir kamen vom Boogieboarden, einer Sportart, bei der man auf einem halben Brett auf dem Bauch liegend sich von den Wellen treiben ließ. Statt frustrierendem Warten auf die richtige Welle also sofortige Befriedigung in der Gischt. »Surfen für Arme«, nannte es Magdalena, weil dafür keine speziellen Fähigkeiten benötigt wurden, auch trainiert musste dafür nicht werden.

Ungefähr einmal im Monat fuhr ich, nachdem ich die Kinder in der Schule abgesetzt hatte, die gut hundert Kilometer in das südlich gelegene Santa Cruz zum Boogieboarden, Mittagessen und Reden mit Magdalena.

Als wir aus dem Auto stiegen, schüttelten wir den Kopf: Spinnen wir eigentlich? Es war Winter, kalt und grau und nass. Vereinzelte Strandspaziergänger stemmten sich, in diverse wasserdichte Schichten gehüllt, gegen den Wind. Doch dann zogen wir uns in den muffigen Toilettenkabinen auf dem Parkplatz um, halfen uns gegenseitig bei den rostigen Reißverschlüssen unserer Taucheranzüge und wateten ins eiskalte Wasser. Einmal drin, einmal nass, einmal eine Welle erwischt, gab es nichts anderes mehr. Wir fühlten uns unbesiegbar. Dass wir total durchgefroren waren, merkten wir erst, als wir uns nach einer Stunde wieder an Land schleppten, umziehen wollten und unsere Hände uns nicht mehr gehorchten. Schnatternd, mit klappernden Zähnen und nassen Haaren setzten wir uns in das kleine Restaurant am Pier. Wir redeten lauter als sonst und fühlten uns den Fußgängern unbestimmt überlegen. Und wie jedes Mal, wenn ich sie sah, sagte Magdalena: »Weißt du noch, wie du hier angekommen bist? God, you were such a mess!«

Du warst eine Vollkatastrophe.

Ungefähr so hatte ich mich auch in Erinnerung.

»Früher hatte ich immer etwas Angst vor dir«, sagte ich.

Sie grinste. Das gefiel ihr, ganz klar. Magdalena war unbestechlich und direkt. Deshalb gab ich ihr meine Manuskripte zu lesen. Manchmal legte sie ein Manuskript mit gerunzelter Stirn zur Seite. »Braucht es so ein Buch?«, fragte sie. Und ich überlegte es mir noch einmal.

Die Schriftstellerin, Autorin mehrerer preisgekrönter Kriminalromane und Leiterin von Schreibgruppen unter anderem in Hochsicherheitsgefängnissen, glaubte nicht an das romantische Ideal eines losgelösten Künstlerdaseins: »Es ist wichtig, Kritik von außen zulassen zu können, um nicht dieser Fantasie vom einsamen Genie im Elfenbeinturm zu verfallen. Denn was hätte Schreiben für einen Sinn, wenn nicht, um zu kommunizieren. Was manchmal bedeutet, mehr zu erklären, als man eigentlich will.«

Und, in Magdalenas Fall, im Nebenberuf die Häuser anderer Leute aufzuräumen.

»Du machst dir keine Vorstellung von den Geschichten,

die diese Häuser erzählen!« De-cluttering heißt dieser im Augenblick sehr angesagte Service auf Englisch. Entrümpelung – auch kein schlechter Begriff für das, was wir bei unseren monatlichen Mittagessen machten.

Magdalenas eigenes Leben war beneidenswert gerümpellos. Sie lebte in einem umgebauten Geräteschuppen auf dem Grundstück ihrer Freundin Connie. Das Gartenhaus war so groß wie eine Schiffskajüte. Eine Bettkoje, ein rundes Fenster. Mit Weinkorken, die in die Löcher in der Wand gesteckt wurden, wurde im Winter die Luftzufuhr reguliert. Ein paar Kleider, ein paar Bücher, ein Computer.

»Vor Jahren war ich Mitbesitzerin einer Villa im besten Viertel von Santa Cruz, direkt am Meer. Manchmal, wenn ich daran vorbeifahre, denke ich, hmm … Doch das Lustige ist, dass mich heute mehr Leute um mein Gartenhaus beneiden als damals um die Villa.«

»Oh, und du wurdest ständig ohnmächtig!« Es machte Magdalena sichtlich Spaß, sich an meine Anfänge hier zu erinnern, an mein Katastrophensein.

»Ohnmächtig?« Daran erinnerte ich mich nun wieder nicht.

»Und du taumeltest sozusagen von einem Drama ins nächste.«

Das allerdings war wahr.

Von außen betrachtet, hatte sich mein Leben mit dem Umzug nach San Francisco gar nicht groß verändert. Von der Kulisse mal ganz abgesehen, waren die Eckpfeiler meines Alltags immer dieselben: Ich kümmerte mich um meine Kinder, ich schrieb, ich versuchte, in einer Beziehung zu leben, ohne mich selbst zu verlieren. Ist die Kulisse der einzige Unterschied? Wie wichtig ist sie tatsächlich?

In San Francisco, auf dieser Halbinsel der Verrückten, hätte ich alles sein können. Leute kamen von überall her, um ihre alten Häute abzuwerfen und andere anzuprobieren. Um sich neu zu definieren, von der Haarfarbe bis zum Geschlecht.

Nur ich war dieselbe geblieben.

Und doch nicht.

Ich war die, die ich sein wollte. Ich war in meiner Haut zu Hause. Ich hatte nicht mehr das Gefühl, durch einen unglücklichen Zufall, einen technischen Fehler im System, zu dieser Zeit an diesem Ort, in dieser Haut gelandet zu sein. Die Katastrophen, die mein Leben nach wie vor manchmal erschütterten, kamen nicht aus dem Nichts. Und ich war ihnen nicht ausgeliefert. Woran das lag? An San Francisco? Am Yoga? An Freundinnen wie Magdalena?

Stolz wie eine Mutter prostete sie mir zu: »Und schau dich jetzt an: Du gehst ins Wasser, du machst Yoga, und du isst deinen Teller leer!«

Alles war gut

»Und jetzt schließt die Augen«, sagte die Yogalehrerin, »und denkt an das vergangene Jahr. Denkt an das Beste, was euch in diesem Jahr passiert ist.«

Die dreistündige Silvesterklasse war überfüllt, die Luft roch nach Schweiß, ich schloss die Augen, ich versuchte es. Diese Yogastunde zum Beispiel, dachte ich, diese Lehrerin, die mich immer wieder zum Lachen bringt.

Katchie Ananda, eine ausgewanderte Schweizerin, hatte mich im Herbst angerufen, nachdem sie mein Buch *Schlampenyoga* gelesen hatte. »Ich weiß genau, was du meinst«, hatte sie gesagt und mich eingeladen, eine ihrer Stunden zu besuchen.

Gleich beim ersten Mal hatte sie mich bezaubert, indem sie ein esoterisches Konzept der Yoga-Philosophie so erklärte: »Shakti-Energie, das ist, wie wenn man die Chipstüte schon im Laden aufreißt und zu mampfen beginnt, bevor man sie bezahlt hat.« Ein Vorgang, der ihr offensichtlich vertraut war.

Nach dieser ersten Stunde gingen wir einen Kaffee trinken. »Nur kurz«, sagte ich. Vier Stunden später rief Thomas an und fragte, ob ich eigentlich noch nach Hause kommen würde, wir hätten schließlich Gäste.

Eine befreundete Korrespondentin hatte sich vier Monate vor ihrer Abreise zurück in die Schweiz verboten, neue Leute kennenzulernen, Freundschaften zu schließen, Entdeckungen zu machen. »Diese selbstquälerische Ader fehlt mir«, erklärte sie.

Ergibt Sinn, dachte ich. Ergibt absolut Sinn. Doch wie verhindert man das? So wie es aussah, würde ich bis zum letzten Tag noch Eindrücke auflesen, Menschen, Orte, Ideen.

Ich bin nun mal eine Sammlerin und keine Jägerin. Und ich löste gleich eine Monatskarte für Katchies Studio.

Doch war das schon das Highlight des Jahres? Ich dachte an mein Buch, das Katchie gelesen hatte, die Lesungen, die Reaktionen, ich dachte daran, dass zu Hause meine beiden Kinder mit ihren beiden Vätern den Christbaum abbauten, dass wir wie immer alle zusammen Weihnachten gefeiert hatten, auch das war gut, dass die Familie zusammenhielt. Auf Holz geklopft.

Meine Gedanken spulten zurück, ich sah die kurzen Reisen, die ich mit meinen Söhnen unternommen hatte, nach New York mit Lino und nach Montana mit Cyril, wo Verwandte lebten, von denen ich bis vor ein paar Jahren nichts gewusst hatte. Hand in Hand waren wir über die von gefrorenem Tau knisternde Wiese zur Ranch gegangen, um dort zu frühstücken. Im Kopf wiederholte ich die Anweisungen, die Cousine Marina uns gegeben hatte, falls wir einem Bären begegnen sollten (»Macht euch klein!«).

Wie stolz ich Lino auf einer Party in New York vorgeführt hatte, und wie nachsichtig, gutmütig er sich das hatte gefallen lassen. Ich dachte an meinen Garten, an den Zitronenbaum, ich dachte an meine Novemberschreibgruppe und das Café, in dem wir uns immer zum Write-in trafen, und an den Kellner, der immer fragte, wie es denn lief mit unseren Romanen.

Dann hieß es: Augen auf und mit dem Yoga-Nachbarn »austauschen«. Die Stimmen überschlugen sich in dem hohen Raum mit der schokoladenfarbenen Decke. »Ich muss Schokolade um mich haben«, sagte Katchie immer, »it's in my genes.«

Und nicht selten, wenn die Farbe an der Decke nicht genug war, aß sie während der Yoga-Stunde eine Tafel importierter Schweizer Schokolade.

Ich schüttelte den Kopf. Ich wusste nicht, was ich sagen wollte. Alles war gut. Alles, das ganze Jahr. Und das sagte ich dann auch: »Alles war gut.«

Nun bin ich alles andere als eine Meisterin des positiven Denkens. Ganz im Gegenteil: Wenn ich mir ein bisschen Mühe gebe, finde ich in jeder Suppe ein Haar. Weil sich das halb leere Glas einfach interessanter beschreiben lässt als das halb volle. Jammern ist ein Grundrecht des Schweizers, das er – und sie – auch ausübt. Jeden Tag und mit Nachdruck. Auf die Frage, wie es geht, antworten wir schulterzuckend: »Es muss.« Nicht: »Great! Just great!« Obwohl oder gerade weil es uns eigentlich vergleichsweise sehr »great« geht: Wem es so gut geht wie uns, der kann nur Neid auf sich ziehen. Deshalb spielen wir unser Wohlbefinden herunter, bis wir es selbst glauben: »Es muss.«

Kurz, es ist nicht meine Art, zu einer verschwitzten Fremden im rosa Om-T-Shirt zu sagen: »Alles war gut!« Doch seit ich wusste, dass wir bald in die Schweiz zurückziehen würden, hatte jeder Tag in San Francisco einen besonderen Glanz. Jeder Tag zählte. Jeder Moment.

Natürlich hatte ich als Erstes eine Liste von Dingen zusammengestellt, die ich unbedingt noch machen, sehen, ausprobieren wollte, von Leuten, die ich besuchen, Reisen, die ich unternehmen wollte. Die Liste war erschreckend lang: den Yosemite-Nationalpark besuchen. Alle Stufen hoch zum Coit Tower klettern, nachts über die Lichter der Stadt schauen, vielleicht eine Flasche Champagner trinken. Ein Pferd mieten, in der Half Moon Bay am Strand entlangreiten. Mit dem Fahrrad um Angel Island herumfahren. Unter der Golden Gate Bridge kampieren. Den Nachtclub in North Beach besuchen, der von einer Tänzerinnen-Kooperative geführt wird …

Was hatte ich eigentlich acht Jahre lang getan? Auf meiner Liste standen Dinge, die jeder Pauschaltourist, der etwas auf sich hielt, in zwei Wochen abgehakt hätte. Die Liste hing wie ein meterlanger Vorwurf über meinem Schreibtisch, bis sie an den Rändern vergilbte und die Ecken sich einrollten.

In der Zwischenzeit lebte ich mein Leben weiter, den alltäglichen Trott, aufstehen, Frühstück machen, Lunchboxen packen, Kinder hin und her fahren. Einkaufen, waschen, putzen, Wäsche zusammenlegen. Unkraut jäten, den Zitronenbaum stutzen. Lino trat dem Varsity Basketball Team seiner Schule bei. Ich besuchte in drei Monaten über zwanzig Spiele. Ich lernte die Regeln des Spiels und die der Team-Mütter-Gemeinschaft – zum Beispiel, dass es sich nicht gehörte, die Fans des gegnerischen Teams mit »Shut the fuck up!« niederzubrüllen, wie das eine Mutter getan hatte, die dann von den Bänken entfernt wurde. Schade, wir hatten uns so gut verstanden.

Statt den in jedem Führer empfohlenen Gottesdienst der Glide Memorial Church besuchte ich einen echt amerikanischen Laundromat, wo meine Wäsche nach Schweizer Kriterien wohl nicht ganz sauber wurde, ich mich dafür aber wie in einem Film fühlen konnte. Ich kaufte bei Good Life Groceries ein, wo mir die Kassiererin ausführlich auseinandersetzte, wie sie ihren an- und abschwellenden Depressionen mit Friseurbesuchen entgegensteuerte. »Immer noch billiger als ein Psychiater, sag ich mir.« Ich ließ mir auf dem Nachhauseweg im Mani-Pedi-Beachhouse schnell die Nägel feilen und die Handflächen massieren. Das gemeinsame Abendessen mit Cyrils Freunden und deren Eltern, immer sonntags, etablierte sich beinahe unmerklich. Und selbst das Anstehen vor der Kaffeetheke war ein besonderes Ereignis, einfach weil es hier war. Hier, wo ich bald nicht mehr sein würde.

»Ich weiß schon, was du meinst«, sagte Magdalena. »Es gibt eine buddhistische Tradition, jedes Mal, wenn du dich von jemandem verabschiedest, im Geiste ›Adieu für immer‹ zu sagen. Weil es jedes Mal das letzte Mal sein könnte, dass du diese Person siehst. ›Auf Wiedersehen‹ sagst oder eben ›Adieu‹.«

Das musste sie also sein, die berühmte Aufmerksamkeit, um die ich mich jahrelang bemüht hatte, auf der Yogamatte und dem Meditationskissen, in Stunden und Workshops und an meine eigene, nicht schokoladenfarbene, sondern »Swiss coffee«-weiße Decke starrend. Die Aufmerksamkeit, die das Leiden vertreibt, das Grübeln, das Überschlagen der Gedanken, die stolpernd übereinanderstürzten wie schlecht trainierte Rennpferde.

Allein die Tatsache, dass ich wusste, dass meine Zeit hier endlich war, tauchte alles in ein glänzendes Licht.

Bald würde ich in der Schweiz leben, und alles ginge wieder von vorn los.

Ich würde erst einmal herausfinden müssen, wann der Laden im Dorf geöffnet hatte und wo ich morgens um sieben Milch herkriegen würde, wenn ich sie wieder mal vergessen hatte. Ich würde ausprobieren müssen, ob ich da auch im Pyjama hingehen konnte oder lieber doch etwas Anständiges überzog. Ob ich die Nachbarin umarmen sollte, wenn ich ihr im Supermarkt zwischen den Regalen mit den Fonduemischungen begegnete, oder ihr lieber nur diskret zunickte. Ich würde mir eine neue Yogalehrerin suchen oder Alice ein Flugticket schicken müssen. Oder Katchie. Oder beiden. Ich würde mich neu zurechtfinden müssen, und das konnte ich nur, wenn ich absolut präsent war im Hier und Jetzt.

Und vielleicht würde ich ja irgendwann auch einen Weg finden, diesen Zustand zu erhalten, ohne jedes Mal ans andere Ende der Welt zu ziehen …

ANHANG

Um sich richtig auf San Francisco einzustimmen, empfiehlt sich folgende Anthologie:

John Miller (Hg.): San Francisco Stories. Great Writers on the City
Über San Francisco hat von Dylan Thomas bis Anne Lamott jeder eine Geschichte zu erzählen. In diesem Band sind Reiseschilderungen, aber auch sehr persönliche Betrachtungen u. a. von Jack Kerouac, Jack London, Randy Shilts, Amy Tan, Mark Twain und Tom Wolfe enthalten.

San Francisco ist eine wahre Krimistadt – in Film und Literatur. Folgende Anthologien sind spannend:

Peter Maravelis (Hg.): San Francisco Noir
Die erste Sammlung von Noir-Krimigeschichten mit Beiträgen von u. a. Kate Braverman, David Corbett, Barry Gifford, Jon Longhi, Robert Mailer Anderson, Eddie Muller, Alejandro Murguia, Peter Plate, Domenic Stansberry, Michelle Tea.

John Miller und Tim Smith (Hg.): San Francisco Thrillers. True Crime and Dark Mysteries from the City by the Bay
Mit Texten von u. a. Joe Gores, Dashiell Hammett, Marcia Muller, Bill Pronzini und Jim Thompson.

Dashiell Hammett: The Maltese Falcon (dt. Titel: Der Malteser Falke)
Der Malteser Falke, vom Vater des San-Francisco-Noir, ist inzwischen ein Klassiker. Sam Spade ist sozusagen der Prototyp des hartgesottenen Privatdetektivs. Auf seinen Spuren wandelt man noch heute.

Das viktorianische Zeitalter inspirierte viele namhafte Autoren zu Krimiserien wie zum Beispiel die griesgrämigen Journalisten **Ambrose Bierce**, **Oakley Hall** oder auch **Laurie R. King**. In **Locked Rooms** lässt Laurie R. King Mary Russell, die Ehefrau von Sherlock Holmes, nach San Francisco zurückkehren, in die Stadt, in der sie aufgewachsen ist und in der sie von unangenehmen Erinnerungen an verschlossene Räume heimgesucht wird.

Marcia Muller und **Bill Pronzini**, im wahren Leben ein Ehepaar, sind sozusagen die Gründereltern des moderneren San-Francisco-Krimis. Ihre Hauptpersonen, die Privatdetektivin Sharon McCone und der etwas hartgesottenere »nameless Detective«, führen in je über zwanzig Titeln durch die siebziger, achtziger und neunziger Jahre dieser Stadt. Besonders zu empfehlen ist der Roman **San Francisco Blues** von Marcia Muller **(dt. Titel: San Francisco Blues. Ein Fall für Sharon McCone)** – habe ich gesagt, kein Selbstmörder, der auf sich hält, springt von der Bay Bridge? Falsch. In diesem Krimi geschieht genau das.

Keine klassische Privatdetektivin ist dagegen die Hauptfigur in der Serie von Schwester **Carol Anne O'Marie: Sister Mary Helen**, einer Nonne und Lehrerin an einer katholischen Privatschule, die in immer neue Fälle verwickelt wird.

Oder **Aubrey Lyle**, die Stripperin von **Jenny Scholten** aus **Slay me Tender** und **Day Stripper**.

Interessant auch **Police and Thieves** von **Peter Plate**. In diesem Roman führt der drogensüchtige Doojie den Leser durch ein San Francisco, das Touristen meist verschlossen bleibt.

Blaise Cendrars: Gold. Being the Marvellous History of General John Augustus Suter (dt. Titel: Gold. Die Geschichte des Generals Johann August Suter)

Der Goldrausch und seine Folgen: Als auf dem Gelände der Papiermühle des Schweizer Hochstaplers, Tunichtguts und Geschäftsmannes Suter Gold gefunden wurde, brach seine Kartenhausexistenz zusammen.

Dave Eggers: A Heartbreaking Work of Staggering Genius (dt. Titel: Ein herzzerreißendes Werk von umwerfender Genialität. Eine wahre Geschichte)

Und außerdem eine, die wohl nirgendwo anders auf der Welt spielen könnte. Nach dem Tod ihrer Eltern erziehen sich die Brüder Eggers gegenseitig vor dem Hintergrund der »Anything goes«-Gesellschaft von San Francisco.

Jack Kerouac: On the Road (dt. Titel: Unterwegs)

Die Mutter aller Roadtrips, die ganze Generationen dazu inspiriert hat, in ein Auto zu steigen und einfach loszufahren. Schon damals galt: Es ist immer eine gute Idee, nach San Francisco zu kommen.

Armistead Maupin: Tales of the City (dt. Titel: Stadtgeschichten); More Tales of the City (dt. Titel: Mehr Stadtgeschichten); Further

Tales of the City (dt. Titel: Noch mehr Stadtgeschichten); Babycakes (dt. Titel: Tollivers Reisen); Significant Others (dt. Titel: Am Busen der Natur); Sure of You (dt. Titel: Schluss mit lustig)

Armistead Maupin schrieb diese leichtfüßige, unverfrorene, ans Herz gehende Seifenoper als Zeitungsroman. Über zehn Jahre lang wurden die Episoden verschlungen, verrissen, geliebt und gehasst – je nachdem, ob man sich darin wiedererkannte. Michael »Mouse« Tolliver, Maupins Alter Ego, tauchte übrigens erst nach dreißig Probefolgen um die neu zugezogene Mary Ann Singleton auf – als die Zeitungsleser schon so süchtig nach den Geschichten waren, dass sie auch eine schwule Hauptfigur akzeptierten. Ein Sittengemälde und Zeitdokument, eine Lektüre mit Folgen!

Armistead Maupin: Michael Tolliver Lives

Das lang ersehnte Update zu den geliebten Figuren, fünfundzwanzig Jahre später. Ein Einblick in das heutige San Francisco, in Armistead Maupins gewohnt lässigem Stil erzählt.

Vikram Seth: The Golden Gate

Ein Roman in Versform über das Leben und die Verstrickungen von vier Bay-Area-Yuppies.

Amy Tan: The Joy Luck Club (dt. Titel: Töchter des Himmels)

In dieser klassischen Zwei-Generationen-Geschichte spielen vier junge Frauen in San Francisco mit oder gegen ihre chinesischen Mütter.

Hunter S. Thompson: Generation of Swine. Tales of Shame and Degradation in the '80s (dt. Titel: Gonzo Generation. Das Beste der Gonzo Papers)

Mit den Bay-Area-Yuppies setzte sich auch Hunter S. Thompson in seinen Essays auseinander, die er in den achtziger Jahren für *The San Francisco Examiner* schrieb.

Mark Twain: Roughing It (dt. Titel: Durch dick und dünn)

Die Reiseberichte aus dem Wilden Westen enthalten unter anderem einen Augenzeugenbericht des großen Erdbebens von 1906.

Tom Wolfe: Radical Chic and Mau-Mauing the Flak-Catchers (dt. Titel: Radical Chic und Mau Mau bei der Wohlfahrsbehörde)

Der zweite und weniger bekannte Essay in diesem Band spielt in San Francisco und macht sich über die Hilflosigkeit des weißen Establishments gegenüber radikalen Minderheiten-Gruppierungen lustig.

Die Stadt im Film

San Francisco – der Lieblingsspielplatz der Filmbranche: eine dramatische Filmkulisse von manchmal atemberaubender Schönheit, mit ihren steilen Hügeln und kurvigen Straßen wie für Verfolgungsjagden gebaut. Die Stadtregierung tut auch alles, um das Filmemachen zu erleichtern, und Filmteams gehören zum Straßenbild. Der San Franciscaner nörgelt und mault und fühlt sich doch geschmeichelt.

Sweet November wurde in »meiner« Straße gedreht: Mitternacht, taghell erleuchtet, ganze Häuserblocks neu überzogen. Vor der Eisdiele hing plötzlich die Fassade eines chinesischen Gemüseladens, Keanu Reeves schlurfte ins Stammcafé und wurde freundlich ignoriert, eifrige Helfer parkten die Autos der Anwohner außer Sichtweite und brachten sie zu jeder Tages- und Nachtzeit zurück. Betont gelangweilt schlenderten wir an den Straßensperren vorbei, zwinkerten den Polizisten zu und hofften, wenigstens als menschliche Kulisse entdeckt zu werden. »Ach, nicht schon wieder«, stöhnten wir blasiert, »wo doch erst letzte Woche *Nash Bridges* hier war« – die schlechteste Serie aller Zeiten, mit Don Johnson als Westenträger in der Hauptrolle.

Spätestens jetzt muss ich einfügen, dass durchaus auch gute Filme und Serien in San Francisco gedreht werden, aber offensichtlich nicht in meiner Straße.

Hier meine ganz persönliche Filmauswahl:

Barbary Coast (dt. Titel: Grausame Küste)
Howard Hawks, USA 1935
mit Miriam Hopkins, Edward G. Robinson, Joel McCrea, Walter Brennan, Frank Craven, Brian Donlevy und David Niven
San Francisco zur Goldgräberzeit: Ein verbrecherischer Spielbankbesitzer beherrscht und terrorisiert die Stadt, bis seine bandenmäßig organisierten Anhänger durch die Rache eines Mädchens und den Aufstand aufrechter Bürger zerschlagen werden.

San Francisco (dt. Titel: San Francisco)
W. S. Van Dyke, USA 1936
mit Clark Gable, Jeanette MacDonald, Spencer Tracy, Jack Holt, Jessie Ralph und Ted Healy

Man sollte doch denken, dass in einer Stadt, in der alle auf »the big one« warten, mehr Erdbebenfilme gedreht würden! In der Nacht des 18. April 1906 wird San Francisco zum ersten Mal in Schutt und Asche gelegt. Was nicht einstürzt, brennt dank viktorianischer Gasleitungen ab. In dieser dramatischen Nacht erreichen auch die nicht weniger apokalytisch anmutenden Liebes- und Lebensschwurbel des Nachtclubbesitzers Blackie Norton ihren Höhepunkt …

The Maltese Falcon (dt. Titel: Die Spur des Falken)
John Huston, USA 1941
mit Humphrey Bogart und Mary Astor

Das Haus, in dem Dashiell Hammett in San Francisco gewohnt hat, kann besichtigt werden. Es gibt spezielle Touristentouren, die den Spuren des Malteser Falken folgen, und eine bronzene Plakette an der Stelle, wo Sam Spades Partner erschossen wurde. *Der Malteser Falke* ist mehr als ein Klassiker. Das ist schon lange kein Film mehr, das ist ein Reiseführer, das ist San Francisco.

The Lady from Shanghai (dt. Titel: Die Lady von Shanghai)
Orson Welles, USA 1946
mit Rita Hayworth und Orson Welles

Hüte dich vor schlagfertigen Blondinen. Sie verbreiten Unheil, wohin der Rauch aus ihren Zigarettenspitzen reicht. Sie führen dich an der Nase herum, einmal rund um die Welt, sie verwickeln dich in ihre tödlichen Spielchen, und während du noch glaubst, du könntest Ritter sein, spielst du längst den Trottel. Ein wunderbarer Film mit unsterblichen Dialogen, trocken hingeworfen von Rita Hayworth und Orson Welles – und San Francisco ist von einer selten so gesehenen, etwas heruntergekommenen, beinahe unheimlichen Schönheit.

It Came from Beneath the Sea
(dt. Titel: Das Grauen aus der Tiefe)
Robert Gordon, USA 1955
mit Kenneth Tobey und Faith Domergue

Je schöner etwas ist, desto genüsslicher kann man es zerstören. San Francisco wurde in einer langen Tradition von Katastrophenfilmen abgefackelt, von Außerirdischen überfallen, in die Luft gesprengt, vom Erdbeben geschüttelt, vom Hulk zertrümmert und eben auch, ganz besonders schön, von einer achtarmigen Riesenkrake heimgesucht, die am Embarcadero aus dem Wasser robbt und gleich die Golden Gate Bridge herunterreißt.

Vertigo (dt. Titel: Vertigo. Aus dem Reich der Toten)
Alfred Hitchcock, USA 1958
mit James Stewart und Kim Novak

Ist es wirklich die Höhenangst, die James Stewart verrückt macht, oder doch eher die eiskalte Hitchcock-Blondine Kim Novak? Ein klassischer Verwirrthriller mit frühpsychedelischem Einschlag – als ob Hitchcock geahnt hätte, was dieser Stadt noch blühen sollte.

Birdman of Alcatraz
(dt. Titel: Der Gefangene von Alcatraz)
John Frankenheimer, USA 1962
mit Burt Lancaster, Thelma Ritter, Telly Savalas und Karl Malden

Eine wahre Geschichte aus dem mythenumwobenen »Rock«, dem Hochsicherheitsgefängnis, dessen brutalste Strafe die Nähe zu San Francisco war, die Glitzerlichter über dem Wasser, die Musikfetzen, die in die Zellen drangen … Ein lebenslänglich Verurteilter findet auf dem Gefängnishof einen verletzten Spatzen, nimmt ihn mit in seine Zelle und kümmert sich bald um sämtliche Kanarienvögel im Block. Nicht nur das, er wird zum weltweit anerkannten Experten für Vögel und ihre Krankheiten. (Die Moral der Geschichte ist nicht ganz klar.)

Bullitt (dt. Titel: Bullitt)
Peter Yates, USA 1968
mit Jacqueline Bisset, Steve McQueen, Robert Vaughn, Don Gordon und Robert Duvall

Warum spielen eigentlich so viele »Harte Jungs«-Streifen in San Francisco, wo die doch in Wirklichkeit hier kaum vertreten sind? Es sind natürlich nicht die Jungs, sondern die Hügel. Hier wird aus jeder einfachen Verfolgungsjagd eine fantastische Achterbahnfahrt. Und die berühmteste, die schönste, ist die in diesem Film – über »meinen« Hügel, den Potrero Hill.

Petulia (dt. Titel: Petulia)
Richard Lester, USA 1968
mit Julie Christie, George C. Scott und Richard Chamberlain

Auf einem Wohltätigkeitsball zugunsten sicherer Autobahnen spielt Janis Joplin zum Tanz auf – so beginnt dieser Film und gibt gleich den Ton an: »Only in San Francisco.« Kurz vor dem Summer of Love spürte offenbar auch die Oberschicht die Wirkung von LSD im Trinkwasser. Die unglücklich verheiratete Petulia verfolgt Dr. Bollen ungeschickt und hartnäckig – zum Beispiel spielt sie ihm mit einer Tuba auf –, und als er ihrem Charme endlich erliegt, ist es natürlich schon zu spät. Eine psychedelische Liebesgeschichte ohne Happy End, aber mit vielen schönen bunten Farben.

Psych-Out (dt. Titel: Psych-out)
Richard Rush, USA 1968
mit Susan Strasberg und Jack Nicholson

»God is alive and well and living in a sugar cube«, steht auf der Postkarte, die Steve aus San Francisco geschickt hat. Seine (taube) Schwester Jenny haut von zu Hause ab, folgt der Karte und landet mitten im Summer of Love in Haight-Ashbury. Hippie-Gitarrist Stoney (Jack Nicholson in einer frühen Paraderolle) nimmt sich ihrer an, aber nicht so, wie sie möchte. Jenny findet ihren Bruder, aber zu spät. Sie bekommt Zuckerwürfel gefüttert, sieht keinen Gott, aber viele bunte Farben. Spielfilm und Zeitdokument.

Harold and Maude (dt. Titel: Harold und Maude)
Hal Ashby, USA 1971
mit Ruth Gordon und Bud Cort

Dieser wunderbare Klassiker spielt (bis auf die eine Szene mit dem einarmigen Offizier im Sutro Park) natürlich nicht wirklich in San Francisco, sondern etwas außerhalb, weiter südlich. Doch die unsterbliche Songzeile »There's a million things to be, you know that there are« beschreibt genau das Lebensgefühl in dieser Stadt – und wird auch immer noch gesungen.

Play It Again, Sam (dt. Titel: Spiel's noch einmal, Sam)
Herbert Ross, USA 1972
Drehbuch, Woody Allen
mit Woody Allen und Diane Keaton

Dieser Film war für mich eine Erleuchtung: Ach, ich bin also nicht die Einzige, die vor einem Rendezvous die Nerven verliert und sich wie eine Naturkatastrophe benimmt? Oder die sich mit imaginären Helden unterhält? Ich bin also nicht verrückt – oder wenigstens nicht verrückter als Woody Allen, der diesen Film nur wegen des New Yorker Filmtechnikerstreiks in San Francisco drehte.

The Towering Inferno (dt. Titel: Flammendes Inferno)
John Guillermin, Irwin Allen, USA 1974
mit Steve McQueen, Paul Newman, William Holden, Faye Dunaway, Fred Astaire, Susan Blakely, Richard Chamberlain, Jennifer Jones, O. J. Simpson und Robert Vaughn

Ein brennender Wolkenkratzer, lebende Fackeln, die sich aus den berstenden Fenstern stürzen, korrupte Politiker, übermüdete Feuerwehrmänner, hirnrissige Rettungsversuche. Ein Film, der plötzlich wieder geisterhafte Aktualität gewonnen hat, mal ganz abgesehen von dem unbezahlbaren Styling und den beeindruckenden Schauspielern.

The Conversation (dt. Titel: Der Dialog)
Francis Ford Coppola, USA 1974
mit Gene Hackman und Harrison Ford

Ein Abhörspezialist schöpft Verdacht, dass die Ergebnisse seiner Beschattung dazu benutzt werden könnten, ein junges Paar zu ermorden. Etwas Ähnliches ist ihm schon einmal passiert – und seither ist er zugegebenermaßen paranoid geworden. Ist sein Verdacht begründet? Hört er Stimmen? Die Sympathie des Zuschauers schwankt in diesem düsteren, langsamen, aber nie langweiligen Film. Gene Hackman sieht übrigens heute noch genauso aus wie 1974 – was man von Harrison Ford allerdings nicht behaupten kann.

Heart Beat (dt. Titel: Herzschläge)
John Byrum, USA 1980
mit Nick Nolte und Sissy Spacek

Die wahre Geschichte des angehenden Schriftstellers Jack Kerouac, der seinen ungezügelten Freund Neal Cassady auf einem Roadtrip von New York nach San Francisco begleitet, vom Rücksitz aus seine Exzesse beobachtet und später in einem Hotelzimmer fiebrig auf eine endlose Papierrolle tippt: *On the Road*. Die Dreiecksbeziehung zwischen Kerouac, Cassady und seiner Frau Carolyn, auf deren Autobiografie der Film beruht, mutet zuweilen etwas trostlos an: Die Männer abenteuern in der Weltgeschichte oder in den Nachbarschaftsbars herum, während sie in der Bügelwäsche erstickt. Und am Ende als Einzige überlebt, physisch wie psychisch.

Namensregister

Adena Halpern

Zum Lachen - zum Weinen.
Adena Halpern trifft mitten ins Herz.

Die Entdeckung des Jahres!

978-3-453-40563-9

HEYNE ‹